田径运动技术研究及实践项目分析

高峰　著

中国纺织出版社

内容提要

我国全民健身计划的实施，使健身逐渐成了人们关注的一个热门话题。田径作为奥运第一大项，同时也是我国人民群众了解最广泛、最容易开展的项目，在大众运动健身上有着不可取代的作用。越来越多的人开始通过跑步、竞走等项目来强身健体，而田径运动健身的发展，从侧面也能够为我国提供很多的田径运动人才。本书首先对田径运动进行概述（起源、发展、特点、价值等），对田径运动进行初步的研究，其次对田径运动的科学理论、教学、训练、保健等各方面的内容加以分析，最后通过具体的项目实践（跳跃类、投掷类、跑类等）来分析田径运动。

图书在版编目（CIP）数据

田径运动技术研究及实践项目分析 / 高峰著 .

—北京 : 中国纺织出版社 , 2018.3

ISBN 978-7-5180-2798-9

Ⅰ. ①田… Ⅱ. ①高… Ⅲ. ①田径运动—运动技术—研究 ②田径运动—项目（体育）—分析 Ⅳ. ① G820.2

中国版本图书馆 CIP 数据核字 (2016) 第 172792 号

责任编辑：武洋洋　　　　责任印制：储志伟

中国纺织出版社出版发行

地址：北京市朝阳区百子湾东里 A407 号楼　邮政编码：100124

销售电话：010-67004422　传真：010-87155801

http：//www.c-textilep.com

E-mail：faxing@e-textilep.com

中国纺织出版社天猫旗舰店

官方微博 http：//www.weibo.com/2119887771

虎彩印艺股份有限公司印制　各地新华书店经销

2018 年 3 月第 1 版第 1 次印刷

开本：710 × 1000　1/16　印张：16.375

字数：224 千字　定价：73.00 元

前言

随着社会的不断进步和发展，人们的生活水平都得到了不同程度的提高，再加上全民健身计划的实施，健身运动已然成为人们热议的一个话题，各种类别的健身运动项目也在人们生活中逐渐出现。众所周知，田径是奥运会的第一大运动项目，在我国有着比较广泛的群众基础，同时也是一种比较容易开展的运动项目，不分时间、地点都可以随时进行。田径运动是各个运动项目的基础，在一定程度上反映着该国家和地区的竞技体育发展水平。

虽然有很多人都在积极参与田径运动，但是对于田径运动的有关理论和实践却知之甚少，要想科学地进行田径运动，我们一定要对田径运动的理论和实践过程中应注意的问题有比较深入的理解。鉴于这一事实的存在，特撰写《田径运动技术研究及实践项目分析》一书，希望为广大田径运动者提供良好的田径运动理论基础和实践指导。

全书共分为六章，第一章首先为我们讲述了田径运动的一些基础理论，包括田径运动的起源与发展，田径运动项目的特点和价值，田径运动项目的分类和项目等内容，让大家对田径运动有一个正确的认知；第二章主要讲述了田径运动的学科基础以及技术原理，其中在技术原理的小节中，分别讲述了田径运动中跑、跳跃、投掷三种类别的技术原理；第三章主要讲的是田径运动技术的诊断和分析方法，包括诊断和分析方法的分类，人体运动学指标的检测，人体力学指标的检测以及运动学与力学指标的同步测试；第四章主要讲述了田径运动教学的实践研究，包括在教学过程中的指导思想、内容、文件、教学实践指导以及田径运动课程的考核与评价；第五章主要讲述了田径相关运动项目的实践分析，同时本章也是该书最为精华的部分，分别分析了田径运动项目中的跳远、三级跳远、推铅球、掷铁饼、短跑和中长跑项目。从各个项目当今的发展形势、技术教学中所应注意的问题、技术训练的指导、赛前训练与比赛以及实训的计划等全方位分析了这几种运动项目，为大家更好地从事田径运动提供了良好的理论与实践指导；第六章主要为我们讲述了田径运动比赛场地的设计与画法，包括半圆式田径场地的设计和计算，非标准田径场地的设计与画法等，让大家在了解田径运动项目的同时，对田径运动比赛的场地也有一个初步的认识。

本书从头到尾始终坚持实事求是的精神，从田径运动开展的实际情况出发，最大限度地突出了本书的实用性、科学性和先进性，进而希望能够让大家科学地进行田径运动。

本书在撰写过程中参考了与田径运动有关的大量资料和书籍，

在此向有关的专家学者致以诚挚的谢意，由于作者时间和精力的限制，本书中难免会存在不足之处，还希望广大师生能够予以批评和指正。

作者

2017年10月

目　录

第一章　田径运动概述

田径源于生活，田径运动处处要求速度、力量、耐力以及技术，田径可以全方位展示人类掌握生存技能的最高境界，它集各种人类身体素质、技巧于一体。田径运动被看作是人类挑战体能极限的一个项目，田径运动较量的是谁更快、更高、更远。

田径赛场紧张激烈，因此众多田径选手把从事田径运动作为超越自我的一个人生目标而奋斗不已，这也正是田径运动吸引观众的地方。

第一节　田径运动的起源与发展

一、田径运动项目的起源

以时间计算成绩的竞走和跑的项目叫作“径赛”；以高度和远度计算成绩的跳跃、投掷项目叫作“田赛”；由跑、跳、投三部分项目组成的，用评分办法计算成绩的组合项目叫作“全能运动”。

田径运动这个词译自英文 track and field。track 的中文意思为“小径”，field 的中文意思为“田地”，合称为“田径运动”。

田径起源于生产劳动。它的产生一直要追溯到原始社会人类劳动的最初形式——采集和狩猎。采集和狩猎是原始社会人类的主要生产活动，原始人在采集和狩猎活动中，逐步学会和发展了走、跑、跳跃、投掷、攀登和爬越等各种最基本的生产劳动和日常生活技能。

在当时条件下，这些走、跑、投等技能，既是生产和生活的基本技能，也是最基本的身体活动。因此，这些基本技能是人类社会最初的体育形态，也是田径运动的源头和萌芽。

文献资料表明，田径与原始社会人们的采集、狩猎活动密不可分。例如，《吴越春秋》中的《勾践阴谋外传》所载的《弹歌》：断竹，续竹，飞土，逐宍（古用“肉”字，指禽兽）。

这是一首原始时代的狩猎歌，它记述了几乎全部的狩猎过程，反映了原始人类在狩猎和奔跑中，跳跃，腾跃……与猛兽搏斗的场面。又如《山海经》记载的《夸父逐日》等古代神话传说，都间接地反映了狩猎时代人们对奔跑能力的重视。

随着人类生产工具的进步和生产实践经验的积累，原始人认识到，他们的生存在很大程度上取决于自身速度、耐力、灵巧性和力量等身体素质的强弱。于是，原始人在进行必不可少的采集、狩猎技能教育的同时，也开始有意识地对上述身体素质进行培养。

例如，在投掷梭镖、长矛、渔叉和石头时，为自己找到能够保证上述工具飞行远度和准确性的最有效投掷方法，发展了肌肉的力量和身体协调能力。生活在太行山西边汾河流域的人类，曾使用石球（重 1kg 左右）练习投掷，不仅大大增强了征服猛兽和大型动物的能力，而且有效提高了身体素质。

同时，原始人攻击动物时更注意发展速度、耐力和克服障碍的灵巧性等。人类经过反复实践，在生产劳动所提供的动作原型的基础上，探索出能展现人的体能、技术，并能有效地培养身体素质的手段，即跑、跳、投等专项身体练习。

随后，人类又将各种性质相同的身体练习不断进行加工、改造、整理，逐步创造出不同的运动方式和运动项目。通过把跑、跳跃、投掷的运动形式自然地同战争和军事训练结合起来，我国古代春秋以后，以步卒为主体的野战替代了车阵战。

战争的胜负不仅取决于精良的武器、兵员的数量和战术的运用，而且还取决于进攻手段的运动性："急疾捷先，此所以决义兵之胜也"（《吕氏春秋·论威篇》）。可见，以跑、跳跃、投掷作为军事训练主要内容的文献和实物在世界各地都可以找到。

随着人类社会的进步和发展，跑、跳跃、投掷逐渐作为融娱乐、健身、和平、友谊、抒发情感为一体的综合性运动项目而得以迅速发展，自发的比赛日益增多，例如工匠投掷铁锤，士兵投掷炮弹，牧羊人跨越羊圈、栅栏……虽然尚无成文规则，器材也不统一，但都预示着这项运动的萌发。直到今天，人们仍可从现代田径运动项目中看到反映原始人身体活动基本形态特征的动作。那些与生产劳动有关联的运动项目，如标枪、障碍跑等，最终形成了田径运动的各种竞技项目。

公元前 776 年，在古希腊奥林匹亚村举行了第一届古代奥林匹克运动会，竞赛项目只有场地跑比赛，距离为 192.27m 以后每隔四年举行一次，并逐渐增加了长跑、跳远、掷铁饼、掷标枪等项目。

公元 394 年，古代奥林匹克运动会被罗马皇帝狄奥西多废止，田径运动竞赛被中断，在此之前古代奥林匹克运动会一共举行了 293 届。

二、田径运动项目的发展

公元前776年，在希腊奥林匹亚村举行了第1届古代奥林匹克运动会，以后每隔4年召开一次。

最初奥林匹克运动会只有短跑比赛，以后又有了长跑、跳远、掷铁饼、掷标枪等项目，这是有组织的田径运动竞赛的开始。因此，后来人们总是把田径运动发展的历史追溯到古代奥林匹克运动会。

公元394年，古代奥林匹克运动会被罗马皇帝狄奥多西废止，田径运动竞赛也被中断。

经过大约14个世纪（公元394 ~ 1800年），田径运动竞赛又重新在英国兴起。

19世纪初，职业性的赛跑、竞走和有组织的苏格兰田径运动会相继在英国出现。

1850年以后，业余田径竞赛也在英国大学相继展开，并且逐步设立了正式的田径竞赛项目。

1896年，经法国社会活动家皮埃尔·德·顾拜旦倡议，恢复和召开了以田径运动项目为主要内容的、仅限男子参加的第1届现代奥林匹克运动会。

第1届奥运会的田径比赛是现代田径运动开始的标志。进入20世纪，田径运动竞赛在世界一些国家内部和国际广泛的开展起来。

1983年设立的每4年一届的世界田径锦标赛（20世纪90年代以后改为每两年一届）、1985开始每年举行的15场田径系列大奖赛、每两年或4年举行一次的各种洲际田径锦标赛以及世界室内田径赛等，为各国田径运动员提供了很多比赛机会。

一方面，世界田径比赛规模逐步扩大，参赛国家、地区和运动员越来越多，竞赛裁判组织工作越来越规范和严格，比赛竞争更加激烈，使田径竞技运动得到了空前的发展。

另一方面，20世纪以来，走、跑、跳跃、投掷等田径运动项目在世界各国的学校体育和群众体育中，也被广泛地采用，并且作为促进健康和增强体质的重要手段。

近年来，由于多学科理论知识的引进，使田径运动训练不断科学化，运动能力和比赛能力不断增强，新技术不断出现，加上重视选材，突出专项化训练，不断加大训练负荷强度，重视营养和恢复，都促使田径运动水平不断提高。

与此同时，很多国家的体育科学工作者和体育教师，还在研究运用田径运动来锻炼身体的新方法，以获得最佳的健身锻炼效果，有的已取得可喜的成绩（如健康长跑、大步快走等）。

此外，值得一提的是在田径竞技运动迅速发展的同时，出现了使用兴奋剂的现象，甚至已达到泛滥程度，屡禁不止。

有些运动员一年内要接受10～20次检查，国际田联的这一举措，为制止兴奋剂泛滥起到很大的作用。目前，我国和世界体育组织都旗帜鲜明地参与到反对兴奋剂的斗争之列。

第二节　田径运动的特点和价值

一、田径运动的特点

（一）竞争性比较激烈

田径运动竞赛是人与人之间的能力、心理和技术上的一种较量，特别是在较高水平的比赛中特别明显，随着人们生活水平的提高以及运动训练水平的不断提升，运动员之间的比赛成绩差距变得越来越小，通常在转眼之间就会赢得或失去比赛。

从这个角度来讲，田径运动竞赛是非常激烈的，在进行比赛的过程中，运动员不仅要高度集中精力，而且还要树立必胜的信心，表现出自己真实的运动水平，在进行田径运动竞赛中，紧张激烈的气氛是从始至终存在的。

（二）多样性的能力体现

田径运动的基本运动形式一般有走、跑、跳和投，田径比赛的运动项目一般有个人项目和集体项目两种，它在一定程度上能够反映出运动员的速度、力量、耐力等各个方面的素质，比较优秀的运动员训练和比赛一般会围绕着同一个专项，如果全面地参加田径运动项目，在一定程度上能够使运动员的运动能力得到普遍地提高，运动员之间之所以会有运动成绩的差别，主要就是运动能力的差别。

（三）群众性比较广泛

1. 可参与性强

田径运动对于不同年龄段和不同性别的人都有很大的吸引力，不同身体状况的人可以酌情选择不同的田径运动项目。在田径运动中，可以人为地控制运动的强度，防止自己在运动的过程中受到不必要的损伤，并且田径运动项目可以允许同时有很多人一起参加，很多田径运动项目一般都可以在短时间训练之后就参加比赛。

2. 受条件限制因素小

从事田径运动的条件比较低，一般在室外有一定的活动空间就可以，并且进行田径运动时，气候、时间等条件的影响也比较小，随时随地都可以进行。目前来讲，田径运动项目的器材是比较简单的，在一些基层田径运动会上，甚至可以自制一些田径运动器材。

3. 针对性强，可选择余地大

田径运动对于提高人们的身体素质有很重要的作用，在参加田径运动时，人们可以根据自己不同的爱好有选择性地对自己喜欢的运动项目进行锻炼，还可以充分根据自己适合的项目进行锻炼，有计划、有目的地进行锻炼，可以全面提高人们的身体素质。

（四）技术性比较严格

田径运动项目一般分为周期性项目和非周期性项目两种，单就各项技术动作来说，田径运动项目与技巧性的运动项目有很大的差别，也不同于直接对抗的项目。

在田径运动比赛中，田径的技术是比较稳定的，构成田径运动的动作结构也不是很复杂，但是对于田径运动技术的要求却是非常高的。

每个人都是有一定的潜力的，但是这种潜力是有限度的，要想在田径运动比赛中取得更好的运动成绩，必须要依靠自己先进、合理的技术。

田径运动的技术在短时间之内就要达到比较高的准确度，只有这样我们才有可能取得良好的运动成绩，每一个动作、身体的每一个环节和每一块肌肉都要有条不紊地参与到运动中来，这样才能够构成一个技术比较严密的统一体。

另外来讲，一名优秀的田径运动员需要根据不同的气候条件适当地调整自己的运动技术和战术，以便克服外界环境带来的一些阻碍或者很好地利用外界条件带来的一些便利，最大限度地保证自己真实运动水平的发挥。

二、田径运动的价值

（一）教育方面的价值

1. 锻炼人的精神意志

我们知道，田径运动员在进行田径运动的时候都会用尽自己的全力赢得比赛，始终保持一种必胜的信心，并且具有战胜一些困难和挫折的勇气，所以，它能够培养人的顽强拼搏、积极进取的精神。

2. 增强人的集体主义感

在进行正规的田径运动比赛的时候组织都是比较严密的，要求和规则也是比较严格的，运动员只有通过自身的努力才能够取得比较优异的成绩，个人成绩的提高，在一定程度上能够增加运动员的集体荣誉感和责任感。

3. 有助于个性形成以及良好心理素质培养

在田径运动中，个人运动项目居多，运动员一般会通过各种各样的方式与方法来不断完善自己的身体素质，提高运动水平。在比赛过程中要时刻保持较高的警惕性，拥有较高的应变能力，所以，从这个角度来讲，田径运动在一定程度上能够有助于人们良好心理素质的培养。

4. 增强人的吃苦精神

田径运动的技术变化相对是比较小的，在田径运动中一般会经常进行单一重复的动作，特别是在训练的时候，通常会比较枯燥，训练的运动负荷也会比较大，所以，这对田径运动的身心又是一项比较大的考验。

（二）健身方面的价值

田径运动中的不同项目对健身的促进作用也有所不同，比如跳远对身体下肢力量的锻炼以及身体的平衡性有很重要的作用。

众所周知，短跑是人体在无氧条件下进行的一种运动，当人体在进行无氧运动的时候，它能够在一定程度上刺激有氧系统酶的分泌，在一定的时间内迅速增加身体的最大摄氧量，同时，它还有助于提高中枢神经系统的兴奋性，是发展快速运动能力以及提高无氧代谢水平的重要手段。

人体在有氧的情况下会消耗比较大的能量，所以，长距离的竞走和跑在一定程度上能够消耗人体体内过多的脂肪，是减肥人群最有效的方法之一，对于提高人们的心肺能力以及人体的耐久力有非常重要的作用。

（三）竞技方面的价值

我们知道，在所有的竞技体育当中，无论是何种类型的运动会，最后一项的比赛一般都会是田径项目，团体能力的体现往往在田径运动中体现出来。

田径的运动训练一般情况下要求都不会太高，并且在选材方面有较大的选择性，那么，参与人数自然而然就多了起来，所以田径运动项目一般在体育比赛中会受到很大的重视。

众所周知，田径运动在帮助人们提高身体素质方面有较大的效果，所以，很多竞技体育中为了更好地发展运动员的身体素质，往往会定期举办一些田径运动项目的比赛。通常人们在测定身体素质指标的时候，大多数情况下会用田径的项目来进行测定。

第三节　田径运动的分类和项目

一、田径竞技运动项目分类

国内外通常进行的成人各类竞赛项目和我国进行的少年甲组（16岁、17岁）、乙组（15岁）各类竞赛项目见表1-3-1～表1-3-5。另外，国际业余田径联合会承认的成人69项、青年50项、室内40项世界纪录的具体项目可查阅中国田径协会审定的《2006年田径竞赛规则》。

表1-3-1　竞走类

类别	成人		少年			
	男子	女子	男子甲组	男子乙组	女子甲组	女子乙组
场地	20000m	5000m	5000m	3000m	5000m	3000m
	50000m	10000m	10000m	5000m	10000m	5000m
公路	20km	10km				
	50km	20km				

表1-3-2　跑类

类别	成人		少年			
	男子	女子	男子甲组	男子乙组	女子甲组	女子乙组
短跑距离	100m	100m	100m	60m	100m	60m
	200m	200m	200m	100m	200m	100m
	400m	400m	400m	200m	400m	200m
中跑距离	800m	800m	800m	400m	800m	400m
	1500m	1500m	1500m	800m	1500m	800m
	3000m	3000m		1500m		1500m

续表

类别	成人		少年			
	男子	女子	男子甲组	男子乙组	女子甲组	女子乙组
长跑距离	5000m	5000m	3000m	3000m	3000m	3000m
	10000m	10000m	5000m		5000m	
超长距离跑	马拉松（42.195km）	马拉松（42.195km）				
跨栏跑	110 米栏（栏高 1.067m） 400 米栏（栏高 0.914m）	110 米栏（栏高 0.84m） 400 米栏（栏高 0.762m）	110 米栏（栏高 1.00m） 200 米栏（栏高 0.762m） 400 米栏（栏高 0.914m）	110 米栏（0.914m） 300 米栏（栏高 0.84m）	110 米栏（栏高 0.84m） 200 米栏（栏高 0.762m） 400 米栏（栏高 0.762m）	110 米栏（栏高 0.84m） 300 米栏（栏高 0.762m）
障碍跑	3000m					
接力跑	4 × 100m 4 × 400m	4 × 100m 4 × 400m	4 × 100m	4 × 100m	4 × 100m	4 × 100m
公路赛和越野赛	包括马拉松在内的公路赛以及由大会决定的各种距离不等的公路赛和越野赛					

表 1-3-3　跳跃类

类别	成人		少年			
	男子	女子	男子甲组	男子乙组	女子甲组	女子乙组
高度	跳高 撑竿跳高	跳高 撑竿跳高	跳高 撑竿跳高	跳高	跳高	跳高
圆度	跳远 三级跳远	跳远 三级跳远	跳远 三级跳远	跳远	跳远	跳远

表 1-3-4　投掷类

类别	成人		少年			
	男子组	女子组	男子甲组	男子乙组	女子甲组	女子乙组
推铅球	7.26kg	4kg	6kg	5kg	4kg	3kg
掷标枪	800g	600g	700g	600g	6kg	500g
掷铁饼	2kg	1kg	1.5kg	1kg	1kg	1kg
掷链球	7.26kg	4kg	6kg	5kg	4kg	3kg

表 1-3-5　全能类

组别	项目	内容和比赛顺序
成人男子	十项全能	第一天：100m、跳远、推铅球、跳高、400m 第二天：100 米栏、掷铁饼、撑竿跳高、掷标枪、1500m
成人男子	五项全能	跳远、掷标枪、200m、掷铁饼、1500m
成人女子	七项全能	第一天：100 米栏、跳高、推铅球、200m 第二天：跳远、掷标枪、800m
少男甲组	七项全能	第一天：110 米栏、跳高、掷标枪、400m 第二天：掷铁饼、撑竿跳高、1500m
少男乙组	四项全能	第一天：110 米栏、跳高 第二天：掷标枪、1500m
少女甲组	五项全能	第一天：100 米栏、跳高 第二天：跳远、800m
少女乙组	四项全能	第一天：100 米栏、跳高 第二天：掷标枪、800m

二、田径健身运动内容分类

田径健身运动是以走、跑、跳、投为手段，以提高健康水平、增强体质、推迟衰老、延年益寿为目的的身体运动。由于它是人的基本活动技能，其实施要求和难度较田径竞技运动要低得多，因此可为不同年龄和不同性别的人们所接受，是一种有效的全民健身运动项目和手段。田径健身运动按人体自然运动方式可划分为健身走、健身跑、健身跳、健身投四类（图 1-3-1）。

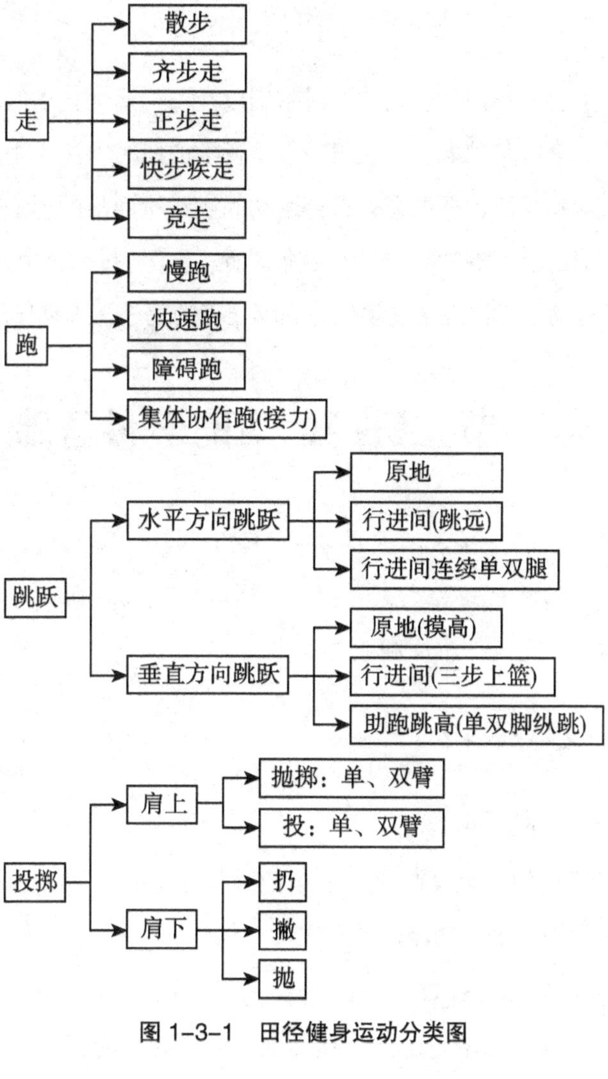

图 1-3-1　田径健身运动分类图

第二章　田径运动的学科基础及技术原理

本章主要介绍田径运动的学科基础以及田径运动技术的原理，在田径运动的学科基础上主要从田径运动科学的研究方法入手，帮助人们掌握知识和规律，探讨有关田径运动的实践所面临的理论与方法问题，而在田径运动的技术原理中，我们从跑、跳跃、投掷三个方面入手，根据田径运动技术原理帮助学生建立起正确的完整技术动作的概念。

第一节　田径运动的学科基础

田径运动的学科基础主要包括文献资料法、观察法、调查法、实验法，本节将逐一为大家介绍田径运动的这几种研究方法，帮助大家探索田径运动的本质和相关规律。

一、文献资料法

（一）文献的概念

田径运动的研究文献主要是指记录、保存、交流和传播有关田径运动科学知识的一切印刷品和视听材料。

（二）文献的类型

文献的种类繁多，按照不同的载体形式和记录技术，可分为手工型、印刷型、缩微型、机读型和视听型等。

1. 缩微型文载

缩微型文献一般是指以感光材料为载体，利用光学记录的技术，使手工型文献或印刷型文献缩小了许多形成的文献。

这种以感光材料为载体的文献最大特点是体积小。存储容量大，便于收藏和实现自动化管理。它的缺点是需要用专门的阅读设备，使用不是很方便。

2. 视听型文载

视听型文献是一种脱离文字形式，直接记录声音、图像信息的文献。它可使转瞬即逝的信息得以长期保存、迅速复制和广泛传播。视听型文献直观、真实、生动、信息丰富，目前已普遍应用于科技领域和日常生活。

3. 手工型文献

手工型文献是指将知识内容靠手工录或刻录在一定的物质载体上的文献。如古代甲骨文献等；现在常见的，如手记、手稿、信件、原始记录等。

4. 机读型文献

机读型文献是指电子计算机阅读型文献。机读型文献的优点是存储量大，存取速度快，处理效率高，便于做多种文献形式的相互转换。

5. 印刷型文献

印刷型文献是指将知识内容印刷记载在一定的物质载体（主要是纸张）上的文献。以纸张为载体的文献可以直接阅读，在使用技术方面几乎不存在任何问题。

尽管现代文献载体种类繁多,但印刷文献依然被广泛使用,但是,由于这种传统的文献形式成本较昂贵，占用空间大，生产程序和技术复杂，它的一部分将被其他文献类型所取代。

（三）文献在田径运动科学研究中的作用

从查阅文献的角度看，查阅文献资料对于田径运动科学研究来说具有十分重要的现实意义和作用：

（1）有助于研究者对所研究领域的情况有一个系统的认识和了解。

（2）有助于研究者选择研究课题，形成研究假设。

（3）有助于研究者搞好研究设计。

（4）有助于研究者解释研究结果，撰写学术论文。

（四）查找文献的方法

1. 参考文献查找法

参考文献查找法就是利用作者在文章、专著的结尾所开列的参考文献目录，或者是文章、专著中所提到的文献名目，追踪查找有关文献资料的方法。

2. 检索工具查找法

检索工具查找法就是利用已有检索工具查找文献资料的方法。一般它可以分为两大类，即计算机检索工具和手工检索工具。

（1）计算机检索工具

我们现在常用的计算机检索工具主要是图书馆综合管理系统中的目录检索子系统、学术期刊光盘检索系统以及因特网上的文献检索。

（2）手工检索工具

手工检索工具按其著录形式，可分为目录卡片、目录索引和文摘等。利用检索工具查找文献，可以采用顺查法，也可以采用倒查法。

3. 循环查找法

循环查找法就是将上述两种查找的方法结合起来，交替使用。

二、观察法

（一）观察法的概念

所谓的观察法指的就是研究者通过感官并且借助一定的科学仪器设备，进行有目的、有计划地对自然状态下的客观事物进行全面的考察和描述，最终获得经验事实的一种科学研究方法。

人的观察能力是同其生理素质、经验积累和知识水平，以及思维方法相联系的。这种能力可以通过实践培养和发展。观察水平随着科学技术手段的发展而提高。在科学观察中，始终要注意防止谬误，避免误差，确保观察的客观性。

（二）观察法的分类

观察法的类型很多，根据不同的分类标准，可有不同的分类。最常用的分类方法主要有：按观察方式（手段）可分为直接观察法和间接观察法，按观察的性质可分为定性观察法（质的观察法）和定量观察法（量的观察法），按不同的观察规模可分为抽样观察和典型观察。

（三）观察法的特点、作用及局限性

1. 观察法的局限性

（1）观察角度对观察会带来一定影响。在科学观察中由于观察者观察的角度不同，往往会得出不同的观察结果。

（2）人的感觉器官的错觉或有限性会影响观察结果。

（3）观察仪器的精确性和稳定性也会影响观察结果。

（4）观察者的素质会对观察带来一定影响。

（5）许多田径运动现象的自然状况不受观察者支配，复现现象较少。

（6）绝大部分田径运动现象都是在一定时间、地点、条件下发生的，稍纵即逝，这使观察结果带有一定的表面性和偶然性。

尽管观察法有种种局限性，但它却是人们获得第一手资料的可靠来源，是发现问题的重要途径，是建立科学假说的客观基础，是验证结论的有效手段。

2. 观察法的作用

（1）观察法是田径运动科研使用最基本、最普遍的一种经验方法，是田径运动科学研究收集资料的基本途径，也是其他研究方法的基础。

（2）观察法是田径运动科学研究发现问题、提出问题的前提。

（3）观察法是田径运动科学研究验证科学假说的手段。

3. 观察法的特点

观察法（或结合其他研究方法）在田径运动科学研究中得到了广泛的应用，对推动田径运动的发展起到了重要作用。观察法作为获得经验事实的重要方法，具有以下几个显著的特点：

（1）在观察中，利用仪器进行更加精确的观察显得越来越重要。

（2）观察过程是一个能动的反应过程。

（3）观察是一项艰苦的工作，需要研究者具有坚忍不拔、锲而不舍的精神。

（四）观察法的一般程序

观察法的实施，大体上包括制定观察计划、观察前的准备工作、观察的组织与实施、观察材料的整理4个步骤。每个步骤不仅有各自不同的任务和具体要求，而且各自需要采用不同的方法。只有对这一完整过程各个环节实行严格控制，才能获得理想的观察材料。

1. 制定观察计划

（1）观察的目的与任务

观察的目的指的就是通过观察者的详细观察，进一步了解主要的问题或内容，或设定某一事实的存在，观察的任务就是对观察的目的进行系统的分解，为了进一步实现观察的目的有规划地去重点解决一些具体的问题。

（2）观察对象

观察对象是指运用观察法研究客观事物的具体对象。

（3）观察指标和标准

所谓的观察指标在一定程度上指的是观察目的与观察任务的具体体现，在整个观察计划中占有非常重要的地位。作为一个被观察的事物，从不同的角度我们可以有效地观察到不同的特征，即使从同一个角度来进行观察，我们也能够观察到对象特征的诸多不同指标。

（4）观察的方式

观察方式一是指用肉眼或借助仪器进行观察，二是指观察与测量各指标的特征部位。

（5）观察记录方法

观察中许多重要信息转瞬即逝，需要及时做好记录，并力求前后一致。观察记录方法的设计包括：观察记录表格的设计；记录符号、标准、精确度的确定和统一，并按信息种类各就其位，以便事后进行统计与分析处理。

2. 做好观察前的准备工作

制定好观察计划后，在实施观察工作之前还应做好各项准备工作。准备工作主要包括：

（1）与观察工作有关的单位及个人取得联系，取得该单位及个人的支持与配合。

（2）尽可能多地熟悉或了解观察对象的基本情况，如训练水平、个人特点、技术特点等。

（3）组织观察人员统一思想、统一方法、统一要求，并事先进行观察实习。

（4）调试、校验观察仪器，印制各种观察记录表格等。

3. 观察的组织与实施

实施观察阶段的任务是按照观察计划进行资料的搜集工作。在实施观察的过程中，原则上应按照预定的观察计划有步骤地进行，若遇到意外变化应由课题负责人及时进行统一的调整和修订，任何个人不得自行调整和修订，以保证圆满完成观察任务。在观察的组织与实施过程中，尤其应注意以下几点：

（1）选择最适当的观察位置。

（2）集中注意力，认真、细致、全面地进行观察。

（3）分工明确，职责清楚。

（4）及时做好记录。

4. 观察材料的整理

我们根据不同的研究任务以及观察的指标性质，有效地对观察的材料进行系统的分类和加工，对量化指标也进行专门的统计分析，目的就是通过不断的研究和分析，得出研究指标和研究问题之间的相互关系及规律。

（五）运用观察法的一般要求

根据观察法的特点，在运用观察法时，应遵循下述基本要求：

（1）观察一定要有针对性。

（2）注意观察要与思维相结合。

（3）必须坚持观察的客观性和全面性，切忌主观和片面。

（4）要努力减少观察活动对被观察者的影响。

（5）采取有效措施，努力减少观察误差。

（6）努力避免被事物的假象所迷惑。

（7）注意不要放过偶然发生的意外现象。

（8）在观察过程中要及时、认真地做好记录。

（9）对观察结果下结论或将观察结果外推时要特别谨慎。

三、调查法

（一）调查法及其类型

从不同的角度，按不同的标准可将调查法划分为多种不同的类型。

1. 按调查手段分类

按调查手段可将调查法分为口头调查和书面调查。口头调查是调查者通过与被调查者进行面对面的对话，借以完成调查任务的方法，包括访问调查法和集体访谈法。书面调查是借助于书面形式所进行的调查，问卷调查法、专家调查法属书面调查。

2. 按调查目的分类

按调查目的的不同可将调查法分为现状调查、前瞻调查、回顾调查和追踪调查。

3. 按调查对象分类

按调查对象的范围可将调查法分为全面调查和非全面调查。

（二）调查法的一般程序与调查方案设计

使用调查法的一般程序是：在选题之后，首要的是进行调查方案设计；然后是调查前的准备工作和实施调查研究；最后是整理、分析调查所得的材料和撰写调查报告（论文）。其中尤为重要的是调查方案的设计工作。

调查方案设计是对一项调查研究工作的程序和实施过程中的各种问题进行的全面考虑与规划，它是调查工作的直接依据，对于确保调查工作的顺利进行具有重要的指导作用。

调查方案一般包括以下内容：

1. 调查题目

在做调查方案的时候一定要首先说明调查的问题是什么，为什么要选择这个题目进行调查，在选定这个题目进行调查的同时进一步确定这个问题被解决之后有什么样的科学价值与现实意义。

2. 调查对象与范围

确定调查研究的基本单位，它可以是个人、群体，也可以是单位、组织。要根据调查研究的实际需要确定调查对象及数量。确定调查范围就是要说明在多大地域内进行调查，如在什么地区、哪些城市、哪些乡镇进行调查。

3. 调查内容

确定调查的具体内容，即要收集具体问题的资料。调查内容一般是通过调查项目和调查指标反映出来的，所以确定调查内容就是要依据调查的具体问题，设计一套科学的指标体系。然后，再按指标体系设计调查提纲、调查表格、调查问卷等。

4. 调查方式和方法

确定具体的获取调查资料的方式和方法。例如，是采用普遍调查、典型调查，还是采用抽样调查的方式，若采用抽样调查，究竟采用何种抽样方式。收集调查资料时，是采用访问调查法，还是采用问卷调查法。在一项调查中，可以采用多种方式和方法，但大多是以一种方式、方法为主，其他方式、方法相辅的调查。

5. 调查的时间步骤

确定调查在什么时候进行，需要多长时间完成。之后，要制定一个每一具体步骤所需时间的进度表，以控制整个调查活动的进程。

6. 调查经费和调查工具

调查经费一般包括差旅费、资料费、调查表或问卷的印刷费、上机费等。经费的开支预算和使用也是调查方案设计中的重要问题。调查工具包括交通工具、信息联络工具、录音机、计算机、卡片和汇总表格等，收集资料的物质手段在调查方案中也应做出具体的计划和安排。

调查方案通常应采用书面的形式来完成。较大规模的调查应设计几套不同的调查方案，经可行性研究后，从中筛选出最佳方案作为最后的实施方案。调查方案的可行性研究，是调查方案设计的重要步骤，对于修改、完善调查设计方案具有重要作用。对调查设计方案的可行性研究，通常是采用逻辑分析、经验判断和试调查（小规模的试验性调查）三种方法。

（三）田径运动科学研究常用的调查方法

1. 问卷调查法

随着现代交通、通信、计算机技术和统计学的飞速发展，问卷调查法在田径运动科学研究中得到了广泛的应用，成为田径运动科学研究中最常用的收集资料的方法。

（1）问卷调查法的概念及特点

问卷调查法是以书面形式提出经过周密设计的若干固定问题或格式，询问被调查对象，并请他们填写，然后对所得资料进行整理和分析，得出结论。

问卷调查是标准化调查，应使用统一设计的有一定结构的问卷来进行调查。问卷调查一般采用间接调查，即调查者往往采用邮寄的方式发放问卷，由被调查者自己填答问卷，而不与被调查者直接见面。

问卷调查都是书面调查，调查者采用书面的形式提出问题，被调查者也用书面回答问题。也就是说，标准化、间接性书面调查是问卷调查法的主要特点。因此，下面介绍的是标准化的、间接性的书面问卷调查法。

（2）问卷设计

①问卷的结构

A. 封面信

封面信是一封给被调查者的短信，它一般放在问卷的前面。问卷调查是一种书面形式的谈话，为了消除被调查者的顾虑，赢得其信任与合作，需要进行一定的介绍和说明，它是问卷调查能否取得成功的关键环节之一。在封面信中应言简意赅地向被调查者说明下列内容：

第一，调查的主办单位或个人的身份。

第二，调查的内容、范围和目的。

第三，调查对象的选取方法和调查结果的保密措施。

第四，除上述内容外，若采用邮寄法回收问卷时，应说明邮寄问卷的具体方法、地址和时间等。

在封面信的结尾处还应对被调查者表示真诚的感谢。封面信的语气要谦虚、诚恳，文字要简明、准确。

B. 指导语

指导语是用来指导被调查者如何正确填答问卷的一则说明，也称“填表说明”。它是对填答问卷的方法、要求、注意事项等的说明，有时也包括对问卷中的某些概念的界定。

C. 问题及答案

这一部分是问卷的主体，它包括调查所要了解的问题及回答的方式。关于这部分内容将在后面作专门论述。

D. 编码

在较大规模的统计调查中，为了将被调查者的各种回答转换成数字，以便输入计算机进行统计处理和定量分析，往往需要对问题和答案进行编码。编码就是赋予每一个问题及答案一个数字作为它的代码。

②调查问题的设计

调查所要询问的问题是问卷的主要内容。在设计问卷时，对问题的选择、问题的操作定义设计、问题的表述及问题的排列都应认真考虑和推敲。

A. 调查问题的选择

设计问卷中的问题时，一般是先尽可能详细地列出与调查课题有关的各种问题，然后再进行慎重的选择。选择和确定问卷中的问题应遵循以下几个基本原则：

第一，所选问题应符合客观实际情况。

第二，围绕调查目的和内容选择必要的问题。

第三，问题的数量要适宜。

第四，所列问题应符合被调查者回答问题的能力和条件。

第五，除特殊需要外，应尽量避免提出社会上禁忌和敏感性问题以及令人感到困窘的问题。

B. 调查问题的操作定义设计

调查问题确定后，对反映调查问题的调查指标，设计其操作定义是问卷设计的重要环节。定义有两种，一种是抽象定义，一种是操作定义。两者在调查中都具有重要作用。抽象定义是对客观事物共同本质的概括，如“体质”的抽象定义是“在先天遗传和后天获得性的基础上，所表现出来的形态、机能、素质和心理方面相对稳定的基本特征”。

抽象定义的作用在于揭示调查项目的内涵，概括事物的共同本质，并把它与其他对象区别开来。但是，抽象定义不能解决调查过程中如何实际操作的问题。

因此，对调查问题或项目还必须做出明确的操作定义。所谓操作定义，是指用可感知、可度量的事物、现象和方法对抽象定义所做的界定或说明。如“体质＝形态（身高、体重、坐高、胸围、肩宽、骨盆宽）＋机能（肺活量、脉搏、血压）＋素质（立定跳远、引体向上、1000m 跑、立位体前屈）”。

C. 调查问题的表述方法

调查问题所使用的语言和提问的方式直接影响被调查者对问题的理解和回答问题的情绪。因此，如何使用恰当的语言和提问方式表述好所要调查的问题，就成为问卷设计中至关重要的技术问题。一般说来应遵循以下几个基本要求：

第一，问题的文字表述要通俗易懂、简单明确、标准规范。

第二，问题的内容要具体、单一，避免双向提问。

第三，提问不要带有诱导性或倾向性。

第四，不要直接询问敏感性问题。

第五，不用否定形式提问。

总之，问题的表述是问卷设计的重点和难点，它在很大程度上决定了问卷设计的质量和问卷调查的结果。因此，设计问题时，应对问题的表述认真推敲，反复琢磨。

D. 调查问题的排列

一般说来，问题的排列应按问题的性质或类别，或者按问题的复杂或难易程度，或者按问题的时间先后排列。

③回答方式的设计

回答问题的方式即答案的形式，是问卷设计的主体，是问卷设计不可缺少的内容。问卷问题的回答方式应当以封闭式为主。

A. 封闭式回答方式

封闭式回答方式是指将问题的一切可能答案全部列出，由被调查者从中选择一种或几种答案作为自己的回答。其主要方式有六种。

第一种：填空式，即在问题后面的横线上填写答案的回答方式。例如：

您的姓名：__________

您今年100m比赛的最好成绩是：__________秒

填空式一般只适用于答案简单、容易填写的问题，多数情况下是用来填写数字的。

第二种：二项式或判断式，即可供选择的答案只有两个的回答方式。例如：

您的性别？　　男（　　）女（　　）

您看过《田径运动高级教程》吗？　　看过(　　)没看过(　　)

您有吸烟的习惯吗？　　有（　　）没有（　　）

这种回答方式简单明确，适用于互相排斥的二择其一的问题。

第三种：多项选择式，即列出多种答案，被调查者按要求选择其中的一项或几项的回答方式。例如：

甲、您参加清晨慢跑的次数（请在您选择的某个答案的序号上画圈）

1. 每周3次以上　　2. 每周1～2次　　3. 每月1～3次

4. 每3个月1～2次　　5. 每年不足5次　　6. 不参加

乙、影响您从事田径运动兴趣形成的主要外在因素是(多项选择，请在您选择的答案的序号上画圈）

1. 体育课的影响

2. 体育读物、体育新闻及体育电视节目的影响

3. 受家庭成员的影响　　4. 受同学或朋友的影响

5. 受体育明星、体育名人的影响　6. 说不清楚

多项选择式是问卷中采用最多的答案形式，适用于答案互不排斥的定类问题。

第四种：顺序填答式，即列出多种答案，由被调查者按一定要求排列这些答案的先后顺序的回答方式。例如：

按您的喜欢程度给下列运动项目排序（请将排序的序号填到“□”内）

篮球　□　　排球　□　　足球　□　　乒乓球　□

田径　□　　体操　□　　滑冰　□　　游泳　□

这种方式适用于要表示一定先后次序或轻重缓急程度的定序问题，但全排序应用不是很多，它常与前面多项选择式结合起来使用，即在多项选择的基础上再要求被调查者对所选的若干项答案排序。例如，上面多项选择的例子也可与顺序填答式相结合：

影响您从事田径运动兴趣形成的主要外在因素是（请选 3 项并排序）：

1. 体育课的影响

2. 体育读物、体育新闻及体育电视节目的影响

3. 受家庭成员的影响　　4. 受同学或朋友的影响

5. 受体育明星、体育名人的影响　　6. 说不清楚

第一位　　　　第二位　　　　第三位

第五种：等级填答式，即列出不同等级的答案，由被调查者从中选择一项填答的回答方式。例如：

您对您校的田径场地设施是否满意（根据您的看法，请在所给

答案后的“□”内画“√”）

1. 很满意　□　2. 满意　□　3. 一般　□

4. 不满意　□　5. 很不满意　□

常用的等级表达方式还有非常喜欢、喜欢、无所谓、不喜欢，完全同意、同意、中立、不同意、完全不同意，很好、好、一般、不好、很不好等。

第六种：矩阵式，即将若干同类问题及相同答案集中在一起构成一个矩阵，由被调查者按题目顺序依次选择适当答案填答的回答方式。例如：

您认为你们学校田径教学中的哪些方面迫切需要改善？（请在适当的“□”内画“√”）

	非常迫切	比较迫切	不太迫切	不需改善
1. 场地	□	□	□	□
2. 器材	□	□	□	□
3. 形式	□	□	□	□
4. 内容	□	□	□	□
5. 方法	□	□	□	□

这种回答方式的优点是节省问卷的空间，节省被调查者阅读和填答的时间。适用于同类问题、同类回答方式的一组定序问题。

B. 开放式回答方式

开放式问题由于不需要列出答案，所以形式很简单。在设计时，只需在问题下面留出一块空白即可。留多大空白，要依据问题的内容、被调查者的总体文化程度、研究者提此问题的目的等因素综合考虑，如“您认为体育教师应具备哪些能力？”开放式回答的标准化程度较低，难以整理、分析，特别是在进行定量分析时。

C. 半封闭半开放回答方式

例如：

您认为在田径技术教学课考核内容方面，只根据达标成绩评分，取消技术表现评分是否合适？（请在适当的“□”内画“√”）

1. 合适　□　　　　2. 难说　□　　　　3. 不合适　□

为什么？

____

____

（3）问卷调查法的实施程序

问卷调查法的实施一般要经过 5 个阶段。

①探索性研究

探索性研究是问卷设计者在设计问卷前必须进行的一项准备工作。通过查阅资料、征求有关专家及实际工作者的意见，与各类被调查者进行访谈等方式，使调查者对所要调查的问题有一个大致的了解，对问卷中所提问题和可能的回答有一个初步的感性认识。

②设计问卷初稿

经过初步探索性研究工作，就可着手设计问卷初稿，并且对所要调查的问题及答案进行详细、具体的设计，包括问题的选择、表述方法、排列顺序、版面安排、回答方式及备选答案等方面的设计。

③确定调查对象

问卷调查的对象可采用典型调查或抽样调查方法。确定调查对象数量的公式为：

调查对象数量 = 研究对象数量 / 回收率 × 有效率

④试用和修改

设计问卷初稿时很难将问卷调查可能出现的各种情况和问题都考虑周全，因此，问卷设计不可能一次成功，往往要经过多次修改。在此过程中，问卷的试用是十分必要的。问卷的试用就是把设计好的问卷初稿用于一次试调查，从而对问卷设计进行检验和评价。

问卷试用有两种方法：

一是客观检验法，即在正式调查的总体中抽取一小样本，对其进行试调查，然后认真检查、分析试调查的结果，从中发现问题并进行修改。

二是主观评价法，即将问卷初稿送给有关专家、研究人员和典型调查者，让他们来进行深度的分析和评价，进而提出一些合理化的建议，只有经过一定的试用，找出问题并且进行修改，才能真正把问卷用于正式的调查当中去。

⑤问卷的发放与回收

发放问卷有多种方式，可以随报刊投递，可以从邮局寄送，可以派人送给有关单位，也可登门调查。后两种发放方式由于调查人员可对问卷进行口头说明和解释，有利于提高问卷的回收率和有效率。回收问卷是问卷调查的一个重要环节。提高问卷调查的回收率是问卷调查的一个关键问题。

影响问卷回收率的因素很多：

一是调查研究主办者的权威性。

二是调查对象的选择。调查对象的合作态度、理解和回答问题的能力对问卷的回收率有很大影响。

三是调查课题的吸引力。课题是否具有吸引力，常常会影响被调查者回答问题的意愿和兴趣。

四是问卷设计的质量。问卷设计的质量对问卷的回收率有决定性的影响。

五是发放问卷的方式。

（4）问卷的信度与效度检验

在调查研究中常采用问卷作为测量的工具，用以测量人们的体育态度、行为或特征。只有实施科学的测量，才能获得准确、可靠的信息与资料，通过分析和研究，方能得出科学的结论。而测量的科学性主要表现在测量的可靠性和有效性等方面，即测量的信度和效度，它是高质量测量工具必备的条件。因此，在实施问卷调查前必须对问卷的信度和效度进行检验。

①问卷的信度及其检验

A. 问卷的信度

问卷的信度是指问卷调查结果反映调查对象实际情况的可靠性程度，即使用同一问卷，在一定的时间间隔内，前后两次测量相同的调查对象，或者采用两套性质相同的问卷，在最短时距内，对同一研究对象先后实施两次调查，两次调查结果的相似程度反映问卷的稳定性和可靠性，并通过其稳定性和可靠性反映出问卷的可信程度。问卷的信度是反映问卷作为测量工具时的稳定性和可靠性程度的量数。

B. 信度检验的方法

问卷信度检验的方法较多，常用的有以下几种：

a. 再测法

再测法亦称重测法，是指通过同一测量手段的重复应用来检验信度的方法。即用同一问卷，在一定的时间间隔内，前后两次测量相同的调查对象，根据两次测量结果的相关系数来检验问卷信度的方法。它是问卷信度检验中最常用的方法。

b. 复本法

复本法是指采用两套性质相同的问卷，在最短时距内，对同一研究对象先后实施两次调查，然后根据被调查对象两次填答结果计算相关系数的方法。

c. 分半法

分半法又称为裂半法，即先按正常程序进行问卷调查，然后将一份问卷按问题序号分为两半，通常是以奇数问题为一半，偶数问题为另一半。计算被调查者奇数问题和偶数问题总分的相关系数，最后再用斯皮尔曼—布朗公式予以校正，求得整个问卷的信度系数。

②问卷效度及其检验

A. 问卷的效度

问卷的效度是指在问卷调查中，调查结果说明被调查者某方面属性恰当、准确、有效的程度。它主要是指调查的具体内容反映所调查问题的确切性和有效性。

B. 问卷效度的检验

检验问卷的效度，主要是对它的内容效度进行检验。问卷的内容效度是指问卷的具体内容对所要考察问题的代表性程度，或者说问卷所设计的具体问题能够有效地涵盖研究主题的程度。人们常用逻辑推理的方法检验问卷的内容效度。

目前，确定问卷内容效度更多的是采用专家评判、鉴定的方法（德尔菲法）。

2. 访问调查法

访问调查法又称为访问法或访谈法，它是一种传统而简便的收集资料的方法。访问调查法是有目的、有计划地运用口头交谈方式向被调查者了解情况、收集资料的方法。一般来说，访问调查大体可分为访问准备、进入访问、访问过程的控制、访问记录、结束访问五个阶段。

3. 专家调查法

就某一需要调查的问题，选择若干名专家就此问题在相互独立的情况下发表各自的意见，经过几轮反馈后得出相对稳定的调查结果，这种方法称为专家调查法，又称为德尔菲法。专家调查法多用于复杂问题的判断或预测研究方面。其操作程序如下。

（1）根据调查主题设计调查表

根据调查主题和调查内容设计初始的调查问题表是专家调查法的重要环节。

（2）选择专家

主要应选择在所调查主题的研究领域内连续工作 10 年以上的专业人员。要选择精通技术、有一定知名度、有学科代表性的专家。选择专家前应征求本人意见。专家的人数可视调查问题的规模而定，一般以 20 ~ 50 人为宜。人数太少会限制学科的代表性，影响预测的精度；人数太多又难以组织，对结果的处理也比较复杂。

（3）实施调查

使用专家调查法进行调查，通常经过 4 ~ 5 轮问卷调查，便可取得专家们的一致意见。为了简化程序和使用方便，对有些问题，只要取得专家的一致意见就可以了。具体的实施步骤如下：

①调查者向每位专家发出设计好的初始的调查表，提出问题，要求专家回答。

②专家在互不通气的情况下独立完成初始调查表的填写工作。调查者对专家们寄回的调查表进行整理汇总，并据此制定下一轮的调查表。

③调查者对专家的意见进行统计处理，通常采用的统计量为中位数和上下四分位数。统计处理时，可绘制调查意见分类图。横坐标为各种意见的分类排列，纵坐标为持各种意见的人数。在意见最集中的地方画上中线（中位数），并在其左右人数的1／4（上下四分位数）处各画一条线。在下一轮调查表中附上该图，并把调查人自己的意见所在区域标上，请专家考虑。

④专家再次做出判断，并陈述理由。特别应请持异议的专家充分发表意见。

⑤调查者按上一轮的方法再统计一次，随后将结果分别寄给专家。专家再次修改自己的意见，不必陈述理由。

⑥调查者再次进行统计处理，分析研究。如此循环，直至得出最后结论。

（4）撰写调查报告。

4. 集体访谈法

集体访谈法是访问调查法的延伸和扩展，在现代调查研究中仍有广泛的应用。集体访谈法又称调查会法，它是调查者邀请若干被调查者，通过集体座谈的方式收集资料的方法。集体访谈法是较访问调查法层次更高、难度更大的调查方法。

实施集体访谈法要做好三个步骤的工作：

（1）集体访谈前的准备

采用集体访谈（即开调查会）的方法收集资料，由于参加会议的人员较多，会议时间有限，因此，必须认真做好会前的各项准备工作。准备工作主要包括：

①明确会议主题。

②设计调查提纲。

③确定会议的规模。

④选择到会人员。

⑤选好会议场所与时间。

（2）指导和控制好调查会的全过程

调查者对调查会议全过程的正确引导和有效控制是开好调查会的关键因素。因此，需要做好以下几方面工作：

①营造和保持良好的会议气氛。

②把握会议主题。

③谦虚、客观地主持会议。

④做好会议记录。

⑤调查会达到了预期的目的或到了预定的时间，应及时结束会议。

（3）做好会后的各项工作

①要及时整理会议记录。

②对会议情况进行分析。

③必要时进行查证和补充调查。

四、实验法

（一）实验法的概念

人们按照研究的目的，利用科学仪器、设备，人为地控制研究对象，排除干扰、突出主要因素，在有利的条件下研究自然规律，这种方法称为实验法。

实验法是较观察法更主动的行为，是更高一级的科学研究方法。但是，实验法是离不开观察法的。在实验中必须观察，这是实验与观察相联系的一方面，在这方面观察的一些特性仍然是适用的。

实验法有别于观察法、调查法等研究方法，主要在于它不仅是一种获得资料的方法，而且它是通过人为地创设一定的情境和有意图地控制和操作某些变量，从而发现和揭示有关变量之间因果关系的一种研究方法。

实验法中广泛运用分析方法、综合方法、归纳方法、演绎方法、类比方法、抽象方法等理论和思维方法，并把这些方法物化到实验设备中去。实验方法与上述这些方法互相联系、互相贯通，融为一体。

实验方法是现代科学研究的最主要的经验方法，而且是形成科学理论的重要源泉。

（二）实验的基本要素

简单来说，实验就是根据实验的目的将某种（或某些）因素施加在实验对象（受试对象）上，然后观察施加因素对实验对象所产生的实验效应或影响，并寻求施加因素与实验效应之间的相互关系和关联程度。因此，任何实验都是由实验对象（受试对象）、施加因素（自变量）、实验效应（因变量）三个基本要素构成的。

1. 实验对象（受试对象）

实验对象也就是我们研究课题所要研究的对象。实验对象既是我们拟施加某种因素的施加对象，也是反映实验效应的载体。实验对象可以是人和动物，也可以是取自人或动物的材料（如器官、组织切片、细胞等）。选择实验对象应注意以下几点：

（1）选择实验对象要符合研究目的和研究任务的需要。

（2）选择实验对象要符合实验的一致性要求。

（3）选择实验对象要符合随机抽样的原则。

（4）实验对象的例数要符合数据处理的需要。

2. 施加因素（自变量）

这些施加的因素并不是实验对象在实验前就已经具备了的某些因素，而是在实验时另外施加给实验对象的某些因素。

例如，在田径运动教学、训练方面的实验研究中，给实验对象安排新的教学方法、新的练习手段，所安排的新教法、新手段就是实验研究过程中的施加因素。

（1）单因素实验

在一次实验中，施加因素只有一个时，称为单因素实验。其优点是施加因素单一明确，便于控制实验条件，易于实验的组织实施，方便观察实验效应。但是，单因素实验无法同时检验多种因素的实验效应。

（2）多因素实验

在一次实验中，同时施加两个或两个以上因素，称为多因素实验。它的优点是节省人力和时间，可以在一次实验中观察多种不同施加因素的实验效应。其缺点是实验对象的分组更细，需要的实验对象更多，实验的组织实施较为困难。

同一个施加因素，在数量上的不同要求，称为施加因素的不同水平。所以，又有单因素多水平实验、多因素多水平实验等概念。例如，对马拉松跑运动员施加糖水的实验，糖水的浓度不同或者剂量不同，就构成了糖水这个单因素的若干不同实验水平。这个实验可称为单因素多水平的实验。

在实验中计划采用的施加因素,必须使之具体化,使之成为规范、稳定的可操作实施的一些内容、方法、手段或动作，即明确地规定施加因素的内容、范围、结构、数量、施加时间、施加程序、操作方法和动作标准等，并力求使其规范化和标准化，使之具有稳定性、客观性和可操作性。

只有这样，才能保证实验的可行性和取得连续、稳定的实验效应。施加因素的规范化和标准化是十分重要的一个问题，在进行实验设计时应给予充分和细致的考虑。否则，施加因素在实验中发生变化，就难以取得准确和统一的数据，也就不能获得真实和可靠的实验效应。

3. 非施加因素

与施加因素无关的一些因素称之为非施加因素。非施加因素包括实验对象本身所固有的一些因素和因实验条件控制不严格而出现的一些偶然因素。例如，在田径教学某种新教法的教学对比实验中，新的教学方法就是施加因素，而实验对象本身的身体素质和心理素质等就是非施加因素。

另外，某个实验对象在最后的实验效应测试之前因膝关节受伤而影响了测试结果，或者实验对象在实验过程中除了参加田径教学之外又从事了不同项目、不同强度的其他体育活动，诸如此类的一些偶然因素也是非施加因素。

在实验设计和实施实验的过程中，必须严格区分施加因素与非施加因素的内容结构，避免二者相互混淆、相互交叉或二者相似，一定要仔细分析哪些非施加因素对施加因素可能会产生影响，哪些非施加因素不会对施加因素产生影响。

只有这样，才能更加有效地控制实验条件，尽可能地消除非施加因素对实验效应的影响，以便最大限度地纯化施加因素，真正突出施加因素和非施加因素的作用，使实验结果更加具有可靠性。

4. 实验效应（因变量）

实验效应指的是，在实验过程中施加因素作用于实验对象之后所产生的效果或反应。

例如，对跳高运动员增强腿部力量训练，练习一段时间后，跳高运动员的纵跳高度明显提高。“纵跳高度明显提高”就是“增强腿部力量训练”这个施加因素所产生的作用效果。

实验效应的准确程度、可靠程度和客观程度，必须通过能够反映实验效应的观测指标来衡量。因此，选择实验效应的观测指标，对获取有价值的和真实的实验效应，有着至关重要的意义。

（1）指标的性质

各种不同的指标可以分为两类，一类是计数指标，一类是计量指标。这种分类对后期数据处理方法的选择具有重要意义。

①计数指标

先根据事物或现象的性质和类型的不同进行分组或分类，然后记录不同类别或组别的个数、次数等。用这种方法收集到的数据称为计数资料。其中区别不同事物或现象性质和类型的一些质量标志则称为计数指标。

②计量指标

能够区分事物现象或物理量大小的数量标志在测量学中称为计

量指标。例如，身高、体重、血压、跑的成绩（时间）、跳的高度、投掷的远度等。计量指标通常用平均数和标准差等计量数据的统计方法来进行数据处理和分析。

（2）指标的数目与要求

选择实验效应指标应该根据研究课题的实际需要。所选择的效应指标应能够全面、准确地反映实验效应，但这并不意味着指标选择的越多越好。指标数目的确定应贯彻“少而精”的原则，既能够达到全面、准确地反映实验效应的目的，又能够省时、省力，便于操作。另外，所选择的效应指标都应具有可靠性、有效性、客观性和具有与实验目的相适应的分辨力。

（3）指标的标准化

经过规范化后，可靠性和有效性较高的指标称为标准化指标。因此，在进行实验研究设计中选定效应指标后，还应预先制定好指标观察（测试）的细则，如实验观察方法、观察步骤、观察标准、观察时间、记录方法和记录格式等，使所选指标达到标准化要求。

第二节　田径运动的技术原理

一、跑的技术原理

（一）跑的技术动作结构

在田径运动径赛中含有不同距离、不同强度的跑步运动，通常将400m及400m以下距离、最大强度至极限强度跑的运动项目称为短跑，800m至1500m距离、亚极限强度跑的运动项目称为中跑，

3000m 及 3000m 以上距离跑的运动项目称为长跑。

跑步运动技术动作的结构属于典型的周期性动作系，周期性动作系是由一定数量的单一动作按动作系的目的组合而成的，并形成不断重复的周期性动作过程。人体在跑步过程中都是通过多次周期性重复动作，加大动作的幅度和加快动作的频率，力求在最短的时间内通过一定的距离，以达到人体快速位移的运动目的。

周期性动作系的结构特点体现在没有明显的开始与结束，不断地重复一定形式的单一动作。跑的一个周期包括人体跑步时左、右脚分别跑完一步，简称为“复步”，即由两个单步技术动作所构成（图 2-2-1）。

图 2-2-1　途中跑单步技术

左、右“单步”技术中肢体局部动作属于完全对称交替的动作结构体系，因此在分析和探讨跑的技术基础理论时，通常都以跑的一个单步的动作技术所呈现的时空特征、动力学特征代表跑的基本技术进行研究与说明。

（二）跑的动作技术阶段划分与结构特点

人体在跑步时的一个单步技术，包括了支撑与腾空两个技术阶段。在支撑阶段中根据跑步时人体重心与支撑点的位置关系分为前支撑时期、垂直支撑时期和后支撑时期。根据支撑腿的运动规律及动力学特点将前支撑时期分为着地瞬间时期、缓冲时期和后蹬时期。

在腾空阶段中根据跑步时人体重心运动的规律及特点划分为上升时期和下降时期。

在跑步动作中支撑腿运动的同时，人体的其他运动环节都在进行着相应的摆动，以配合支撑腿的运动，形成协调的蹬摆动作技术。

跑步动作的支撑是动作技术的主要阶段，是人体跑动中获得加速度的技术阶段。在缓冲时期时要尽可能减小阻力、形成良好的动作形式，尽可能快地转入后蹬时期，在后蹬时期尽可能增大动力，使人体重心获得最快的离地速度和合理的后蹬角度。

跑步动作技术的腾空阶段，人体重心运动状态的变化遵循物体斜抛运动的规律。在运动的竖直方向上，遵循自然界运动物体竖直上抛和竖直下落的运动规律，人体腾空后重心上升时期在重力加速度的作用下在竖直方向上做匀减速运动，下降时期身体在重力加速度作用下做匀加速运动。在运动的水平方向上，人体重心处于匀速直线运动状态。

（三）影响跑的力

1. 人体跑步过程中的动力与阻力

人体内力与外力的作用过程中，在不同的动作时期力的作用都会产生相应的效应，也会产生动力或阻力的效应。如果力的作用方向与所追求运动方向一致时，通常称为运动的动力，反之则称为运动的阻力。形成跑步的动力有动力性支撑反作用力，有机体摆动动作所形成的动力、运动的惯性作用等。

影响跑步运动状态的阻力主要有空气阻力、摩擦阻力、阻力性支撑反作用力、人体的重力等。

支撑反作用力是影响跑步的主要力学因素，它是人体运动时重力、摩擦力和弹性力的综合效应。在跑步的支撑时期支撑反作用力的大小与方向随人体运动状态的变化而产生相应的改变，支撑反作用力的大小与方向，取决于机体运动时蹬伸摆动动作对支撑点和压力的大小与方向。人体跑步的动力主要来自于支撑阶段的后蹬时期，人体通过后蹬时期支撑腿的后蹬动作和机体其他相应环节的摆动动作所获得动力性支撑反作用力的，是决定人体跑步速度、步长的主要动力。

跑的运动阻力主要来自空气的阻力、摩擦力和跑动中前支撑时期的阻力性支撑反作用力。决定人体跑步时空气阻力大小的因素是人体与空气的相对运动速度、人体与空气的迎风截面积以及人体跑动的姿势所构成的形状阻力。在跑步中减小空气阻力的技巧主要是采用保持合理动作结构以及合理的身体姿势。

在田径运动技术教学过程中，动作技术的学习与应用方面要力求通过合理的动作形式尽量获得最大的动力，尽量减少阻力，以提高动作技术的效率和质量。

2. 构成人体跑动的内力和外力

人体跑步是由人体内各环节的作用力与外界物体的相互作用而形成的快速位移运动，影响其运动速度的因素主要来自于人体内力与外力相互作用的效果。跑步动作技术的优劣，主要取决于人体跑动时，力的作用大小、作用方向、作用点以及力在人体、力作用物之间的传递、转移和力作用时间的综合效果。

影响人体跑动的力主要分为人体内力和外力两类。人体内力是指体内各环节之间的相互作用，由肌肉收缩张力与骨、关节运动所组成，是构成人体跑动的主导因素。即人体运动的内力是由肌肉收缩所产生的力，是人体运动的动力，是构成人体运动的内因，也是构成人体运动的主观因素。

人体跑动的外力是指自然界物体与人体的相互作用。外力是改变物体运动状态的原因，是构成人体运动的客观条件。人体运动所存在的外力，主要是重力、摩擦力和弹性力 3 大类别，以及由此衍生的支撑反作用力、空气阻力等。

如果没有外力的作用，人体内力只能构成机体的形变运动，而不能改变身体重心运动的状态，必须使人体内力与外力相互作用时才能形成人体整体位移运动状态的改变。

（四）决定跑速的主要因素

1. 影响跑速的生物学因素

人体的形态结构特点是影响跑速的主要生物学因素之一，身高、腿长是决定步长的主要因素，优秀的跑步运动员在体形方面具有适合于跑步运动专项的形态特征，如身高、腿长、体形等指标在不同距离跑运动员的身材方面都具有不同的形态特征。

决定肌肉力量大小的因素有以下几个方面，即参与运动的肌群、肌肉的结构类型、肌肉结构内红肌纤维与白肌纤维所占的比例、肌肉收缩的形式等。

2. 影响跑速的动力学因素

影响跑速的动力学因素主要是跑步中的动力和阻力。根据牛顿力学的第二定律，加速度定律 $F=ma$ 和第三定律，作用力与反作用力定律以及动量定理得出 $F\Delta t=m(v_1-v_0)$，即在人体跑动中要获得加速度和提高跑的绝对速度就必须使作用于人体重心的动力性冲量 $F\Delta t$ 尽可能的大，并通过形成合理动作形式尽可能减小阻碍人体跑进的阻力。

众所周知，人在跑动的过程中受到的阻力主要是空气的阻力，由于前支撑时期人体重心在着地支撑点的后方，所以这个时期所形成的支撑反作用力正好与人体运动的方向相反，所以就形成了阻力，一般情况下，我们将这种阻力称之为阻力性支撑反作用力。

3. 影响跑速的运动学因素

影响人体跑动速度的运动学因素主要是跑动过程中的步长与步频两大因素。在人体跑动的过程中，步长与步频的变化决定了跑速的快慢，跑速等于步长与步频的乘积。即：

跑速 = 步长 × 步频

（1）决定步长的因素

步长是指跑动时每步距离的长度，即两脚着地点之间沿跑动方向上的水平距离称为步幅长度，通常简称为步长，由后蹬距离、腾空距离和着地距离 3 部分距离所组成，即：

步长（L 总）= 后蹬距离 + 腾空距离 + 着地距离

$L=L_1+L_2+L_3$

步长的结构如图 2-2-2 所示。

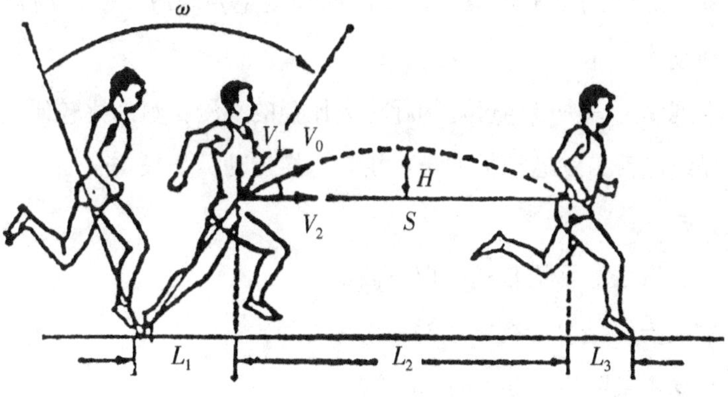

图 2-2-2　步长的结构示意图

决定步长的因素有以下几个方面（图 2-2-3）。

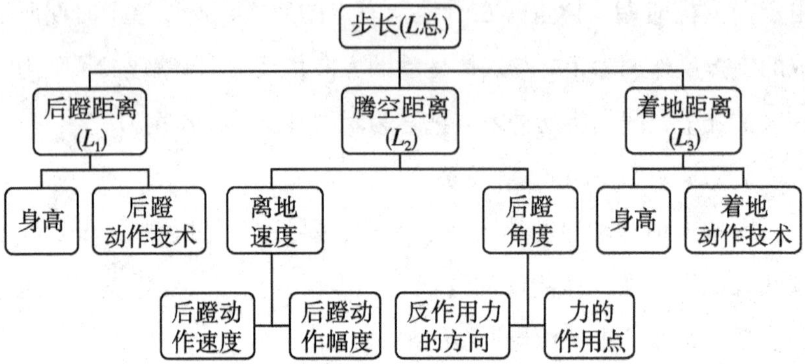

图 2-2-3　决定步长的因素结构示意图

L_1 表示后蹬距离：指后蹬腿离地瞬间身体重心垂线至支撑点之间的水平距离。该距离的长度取决于人体重心的高度和后蹬动作的动作技术。

L_2 表示腾空距离：指人体跑步的腾空阶段身体重心在腾空过程中通过的水平距离。该距离的长度取决于人体跑动时支撑腿后蹬离地瞬间的腾起初速度和腾起的角度。

L_3 表示着地距离：指人体跑步时摆动腿着地瞬间身体重心垂线与着地点之间的水平距离。该距离的长度主要取决于跑动时摆动腿的着地动作技术。

卡列尔·霍夫曼通过对国际重大比赛的实测材料的比较研究，认为世界级优秀短跑运动员的步长指数（指运动员步长与身高或腿长之比值）如下。

步长指数：平均步长除以身高≥ 1.15

最大步长除以身高≥ 1.24

平均步长除以腿长≥ 2.16

最大步长除以腿长≥ 2.24

（2）决定步频的因素

决定步频的因素包括大脑神经中枢对肌肉运动的调控，动作技术的训练水平及肌肉力量发展的均衡性和肌肉收缩的协调一致性，以及运动训练的水平（图 2-2-4）。

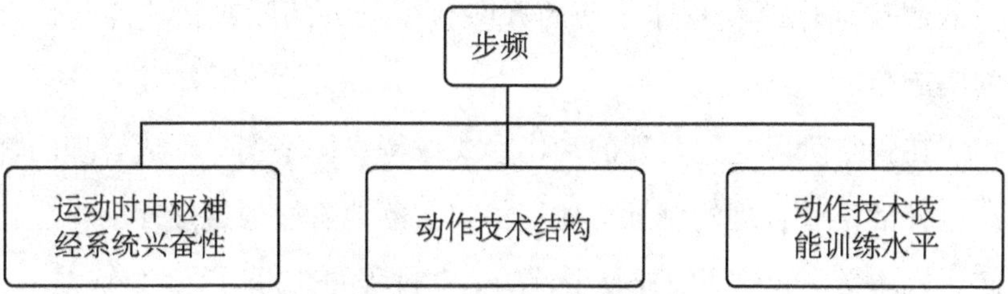

图 2-2-4　决定步频的因素

卡列尔·霍夫曼的实测材料研究表明，男子优秀运动员的步频指数如下。

步频指数：身高乘以步频≥ 8.1

腿长乘以步频≥ 4.34

二、跳跃的技术原理

跳跃的技术原理是对人体跳跃运动规律的总结，它基于跳跃运动实践经验与现代运动生物力学理论的融合，是指导跳跃运动技术教学与训练实践的基本理论。

（一）跳跃的技术动作结构

田径的高度跳跃类运动有跳高与撑竿跳高竞赛项目，田径的远度跳跃类运动有跳远和三级跳远。跳跃运动按其动作技术的用力特点属于快速力量类的运动项目。

跳跃运动按其动作技术的结构特点属于周期性动作与非周期性动作所组合而形成的混合性动作结构体系，它是由周期性的助跑动作与非周期性的起跳动作、腾空动作、落地动作组合而成的运动。

运动员在跳跃运动中经过助跑的过程，使人体在起跳前获得一定的水平速度和形成良好起跳动作初始条件，然后通过快速有力的起跳动作改变身体运动的方向获得最大的腾起初速度与适宜的腾起角。

在腾空阶段通过合理的动作形式保持身体平衡，形成合理的跳高过杆动作或合理的跳远落地姿势。在落地阶段通过缓冲动作达到防止机体受伤，从而完成整个跳跃运动过程并获得运动的好成绩。

（二）跳跃运动的动作技术阶段划分与结构特点

在对跳跃运动技术原理的描述中，为便于对其动作技术层次的分析，根据其动作系结构及技术特点，一般划分为助跑、起跳、腾空与落地4个互相联系的动作技术阶段。4个基本的技术阶段的划分，主要是应用于对完整技术的描述与分析，实际上它们是密不可分的、完整的、有机组合的整体动作系统，各阶段动作技术对整体动作技术的效果都具有很重要的影响与作用。

在跳跃运动的技术中，前一阶段的动作是后一阶段动作的基础，例如助跑是起跳动作的基础，通过助跑的动作效果，能为起跳动作之前创造两个基础条件，即在起跳前获得一定的水平速度和形成良好的起跳初始动作从而为起跳创造最佳的用力条件，前驱动作的目的是为后续动作奠定最好的基础力学条件和生物学条件。

跳跃运动技术阶段的划分，在一定程度上考虑了周期性动作系和非周期性动作系的结构特点，各阶段技术有其各自的特点与规律，并相互联系相互制约。

在混合性动作系的结构特点中，有一条重要的基本规律，即周期性动作与非周期性动作的衔接技术是混合性动作系统中极为重要的环节，因此在跳跃运动教学与训练中助跑与起跳的衔接是动作技术教学的难点和关键环节。

（三）跳跃运动力学原理

人体的跳跃运动，实质上就是自然界物体的斜抛运动，人体在跳跃运动过程中，其整体在空间运动状态的变化，腾起初速度、腾起角度与跳跃高度和跳跃远度之间的关系，遵循物体的斜抛运动原理而进行。

根据物体斜抛运动的力学原理，当物体以一定的抛射初速度和抛射角度向空中抛射时，如果抛射点与落地点处于同一水平线时，其抛射物所能达到的高度（H）和远度（S）与物体抛射初速度的平方成正比，与重力加速度值成反比，与抛射角度也有重要的关系。抛射高度等于抛射初速度的平方与抛射角正弦平方之积与两倍重力加速度之比，抛射远度等于抛射初速度平方与两倍抛射角正弦值之积与重力加速度之比，即：

$$H = v^2\, H = {V_0}^2 \sin\alpha \big/ 2g \, ; S = {V_0}^2 \sin 2\alpha \big/ g$$

H 为抛射高度；S 为抛射远度；V_0 为抛射初速度；α 为抛射角度；g 为重力加速度。

人体的跳跃运动，从起跳动作至腾空动作过程中，始终遵循物体斜抛运动规律进行，由助跑起跳动作过程的运动效应构成人体跳跃的腾起初速度和腾起角度。根据斜抛物体运动的规律，人体重心在运动的竖直方向上做垂直上升与竖直下落的匀变速运动，在运动的水平方向上做匀速直线运动。人体重心运动所能达到的高度与腾起初速度的竖直分量（$V_0\sin\alpha$）有关，也与重力加速度有关。当人体腾空时间已确定时，其重心运动所能达到的远度也可根据 $S=T\cdot V_0\cos\alpha$ 所确定，即人体跳跃的腾空时间 T 与腾起初速度的水平分量之乘积等于人体跳跃的水平距离（远度 S）。

（四）决定跳跃成绩的运动学因素

在人体跳跃运动过程中，影响跳跃高度和远度的运动学因素主要有人体重心的高度、腾起初速度、腾起角度和空中动作几个方面。

1. 影响跳跃远度的运动学因素

构成跳远成绩的运动学因素主要有 3 个，即起跳离地瞬间身体重心垂线距起跳板前沿的水平距离，简称为离地瞬间距离 S_1，腾空后至落地瞬间，身体重心沿水平方向运动的水平距离，简称为腾空距离 S_2，落地瞬间身体重心垂线至落地点的水平距离，简称为落地距离 S_3，3 个因素中 S_2 是动作技术最重要的因素（图 2–2–5）。

图 2–2–5　影像跳远成绩的运动学因素

跳远的成绩：$S=S_1+S_2+S_3$

（1）离地瞬间距离 S_1

蹬离地面瞬间，人体垂线至起跳板前沿的水平距离，取决于运动员踏板的准确性和运动员身体重心、高度及离地瞬间的动作姿势。踏板的准确性是在充分发挥助跑速度、完成快速有力起跳动作基础上的动作性质，通过技术训练可以得到较大幅度的提高。运动员身体重心高度主要取决于先天的遗传基因及后天的发育程度。

（2）腾空距离 S_2

腾空距离 S_2 是指运动员起跳腾空后至落地瞬间身体重心在空中移动的水平距离，该距离的长短主要取决于运动员腾起初速度的大小及腾起的角度。腾起初速度的竖直分量 $V_0\sin\alpha$ 和人体重心离地瞬间高度决定了人体腾空的最大高度与腾空时间，腾起初速度的水平分量 $V_0\cos\alpha$ 决定了人体腾空时身体重心的匀速运动。人体重心的腾空距离等于腾空时间与腾起初速度水平分量的乘积，即：

$$S_2={V_0}^2\sin 2\alpha/\text{g}=T\cdot V_0\cdot\cos\alpha$$

腾空距离是决定跳远成绩最重要的运动学因素，要获得最大的腾空距离，必须采用合理的动作技术形式，通过快速的助跑和快速、准确、有力的起跳动作技术，能使人体获得最大的腾起初速度和适宜的腾起角度，在运动员起跳离地的瞬间，支撑腿的后蹬角为45°左右，摆动腿前摆使大腿纵轴与水平线齐平，身体重心的腾起角为18°～24°。

2. 影响跳跃高度的运动学因素

构成跳高运动成绩的因素主要有3个，即身体重心高度、腾起高度和过杆时身体重心与杆位置之间的垂距。

在跳跃的高度项目运动中，人体所能越过的高度，取决于身体重心高度 H_1、腾起的高度 H_2 和合理的过杆技术动作 H_3，跳高的成绩：$H_{总}=H_1+H_2-H_3$（图 2-2-6）。

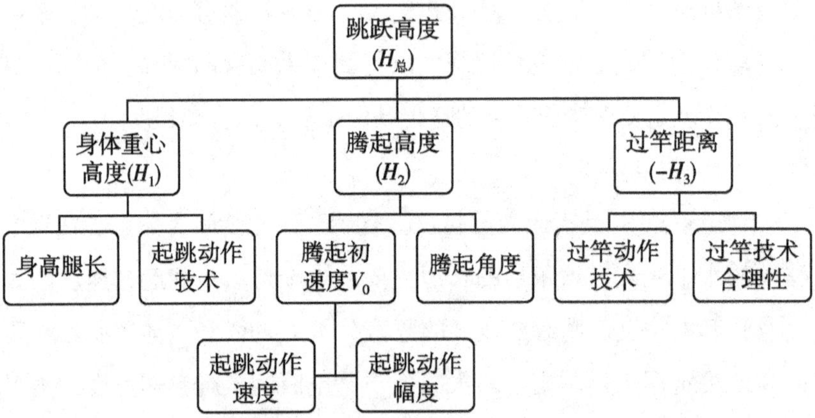

图 2-2-6 跳跃高度的构成

（1）身体重心高度 H_1

身体重心的高度 H_1，是指运动员起跳离地动作瞬间人体重心距地面支撑点之间的垂直距离，它取决于运动员身体的高度、腿长和蹬离地面瞬间动作的身体姿势。这一高度在不同运动员之间存在一定的差异，主要取决于先天遗传因素与后天的发育程度，从运动选材角度方面考虑意义重大，而通过训练所得到的提高是有限的。

（2）腾起高度 H_2

腾起高度 H_2 是指运动员起跳离地瞬间身体重心位置至最高点重心位置的垂直距离，它取决于运动员蹬离地面瞬间的腾起初速度和腾起角度。这一高度对运动成绩影响是最为活跃和最为重要的因素，在不同的人身上体现出很大的差异，起跳动作的力度和速度是决定其腾起初速度大小的动力学因素，而腾起初速度越快，在腾起角一定的条件下，腾起的高度和远度则越大。

腾起的角度取决于起跳过程中人体重心所受合力的方向，是由助跑与起跳获得的水平速度与垂直速度所形成的合速度方向决定的，跳高运动员离地瞬间，蹬地角度为75°～80°，腾起角为55°～60°。

（3）过杆时身体重心距横杆的垂直距离 H_3

过杆时身体重心距横杆的垂直距离 H_3 是指人体重心处于最高点时距横杆上沿的垂直距离，在过杆技术的研究中力求通过合理的动作形式减小 H_3，决定 H_3 大小的因素主要是合理的动作形式与身体各环节依次过杆的顺序。

在过杆技术的研究中，总结到一些具有参考价值的技术观念，即运动员过杆的面积越小则 H_3 越小，背越式过杆动作当身体重心位置处于杆上时，头部、脚部位置处于杆下，形成“桥”的反弓动作，可以使 H_3 减至相应较小的程度。

（五）影响跳跃动作效果的动力学因素

1. 构成跳跃运动的动力性冲量和决定腾起角的因素

（1）动力性冲量

动力性冲量是指人体蹬地动作与地面相互作用时，支撑点对人体的支撑反作用力与其力作用时间的乘积。

在起跳动作过程中，决定腾起初速度大小的因素是人体重心所受冲量的大小和人体本身的质量大小。

构成人体重心所受的冲量，主要来自于在快速助跑的基础上通过人体快速有力的起跳动作对支撑点的合压力与其作用的时间的乘积（$\sum F\Delta t$），在人体内力与外力的作用过程中，人体在起跳的蹬伸摆动动作过程中对支撑点的合压力所构成的冲量等于地面对人体的反作用力所构成的反冲量，地面对人体的反冲量是改变人体运动状态的动力性因素，作用在人体重心的反冲量（$F\Delta t$）大小等于该段时间内人体动量（mv 移）的变量。即人体运动的动量定理：

$$F\Delta t=mv_1-mv_0=m（v_1-v_0）$$

在跳跃运动中，尤其是在起跳的蹬伸摆动过程中，应力求加大动作的力度和加大动作的幅度，在完成具体的起跳动作时，通过提高动作的协调性，加大肌肉收缩的力量获得加快动作速度的效果，通过加大动作的幅度尽可能延长支撑反作用力对人体的作用时间，使人体重心在起跳动作过程中获得最大的动力性冲量（$F\Delta t$），从而在离地瞬间获得最大的腾起初速度。

（2）决定腾起角度大小的因素

跳跃运动中人体蹬离地面瞬间，腾起角度的大小与起跳过程中所受动力性冲量的方向一致。由于动力性冲量是一定时间内多力作用于人体重心（水平冲量和垂直冲量）的综合效应，因而在跳跃运动过程中应根据不同项目技术的特点，形成作用于人体重心的水平冲量与垂直冲量的最佳组合。

例如当人体重心所受的垂直冲量与水平冲量为 1 ∶ 1 时，人体重心瞬间腾起角必然为 45°，当所受垂直冲量大于水平冲量时其腾起角度必然大于 45° 反之则相反。

跳跃运动员起跳离地瞬间身体重心运动的方向，取决于其腾空瞬间垂直速度与水平速度之比值，优秀跳高运动员离地瞬间垂直速度与水平速度之比为 1.2 ~ 1.3 ： 1。优秀跳远运动员起跳离地瞬间的垂直速度与水平速度之比为 1 ： 3 ~ 3.6。

2. 跳跃运动中摆动动作的作用

跳跃运动时，运动员在支撑阶段与腾空阶段的动作中，在尽可能根据动作技术形式获得起跳腿的蹬伸动作效果基础上，身体的躯干、异侧腿和上肢等相应环节都配合支撑腿进行一定形式的摆动动作，其摆动动作有下述几个方面的作用。

（1）在跳跃的助跑、起跳、腾空及落地动作过程中，通过相应形式的摆动动作，可以保持运动中人体的平衡，以及通过补偿动作的机制重新建立运动的平衡状态。

（2）起跳过程中通过摆动动作的动作形式，可以改变人体的形状而使质量分布的中心点上移，从而获得提高人体重心的动作效果。

（3）良好的摆动动作技术，在助跑过程中可以使脚在着地瞬间获得较快的运动速度减少着地的阻力。在跑和起跳的后蹬动作时期可加大对地面的压力，从而获得更大的支撑反作用力，有利于加大推动人体运动的动力性冲量。

在跳跃运动中，“蹬”与“摆”的动作是密切联系的有机组合，也是机体各环节协调运动的整体关系，动作技术中强调人体支撑腿的蹬伸动作与身体其他相应环节的摆动动作的结合，是提高动作效率并获得最好动作效果的重要技术环节。

三、投掷的技术原理

投掷运动是人体通过预加速阶段的助跑或滑步、旋转动作形式使人体和器械都已具备一定速度的基础上，结合最后用力地技术性动作使所有的作用力集中到投掷器械上，使器械获得最大的出手初速度及最佳的出手角度，将投掷器械抛射到最远水平距离的人体运动形式。

田径运动投掷类含有铅球、铁饼、标枪和链球 4 个基本类型的运动项目。投掷运动按其动作技术的结构特点，铅球、铁饼属于非周期性动作系结构，而标枪、链球则属于混合性动作系结构。

（一）投掷运动技术阶段的划分与结构特点

在对投掷运动技术原理的论述中，为便于对其动作技术层次的分析，根据其动作系结构及其技术特点，一般将其划分为开始姿势、预加速、最后用力及器械出手后的缓冲 4 个紧密联系的技术阶段。在 4 个阶段中各阶段技术对整体动作技术的效率，对运动的结果都具有很大的影响与作用。

投掷时握持器械的方法要有利于预加速阶段的动作，有利于用力时使所有的力综合作用于器械上。最后用力的动作技术必须建立在良好的预加速阶段动作技术的基础上才会有更高的动作效率，完整动作各阶段技术之间具有很强的因果关系。

投掷铅球、铁饼运动项目属于非周期性动作系结构，铅球的预摆、团身、滑步及最后用力地形式基本上属于平面内二维方向的直线运动。铁饼的预摆、旋转、最后用力及出手后的缓冲则属于立体空间三维方向的复合运动。

投掷运动的标枪、链球属于混合性动作系结构，标枪预加速阶段的助跑动作、链球预加速阶段的旋转动作是典型的周期性动作，它们的完整动作技术结构是由周期性和非周期性动作组合而形成的混合性动作体系。

投掷运动的几个技术阶段之间对于投掷运动成绩都具有良好的影响与作用，其中最重要的技术阶段是最后用力，关键的技术环节是预加速阶段与最后用力阶段的衔接。

最后用力阶段对投掷成绩的影响相当于其权重系数的80% ~ 85%，而预加速阶段与最后用力阶段的衔接质量，则是决定在整个投掷运动中能否充分利用人体在预加速阶段动作所形成的动量，并使其冲量与最后用力所获的冲量叠加、传递给投掷器械，从而获得最快的出手初速度和适宜的投掷角度。

（二）投掷运动的力学原理

投掷运动的各项目所采用的器械不同，因而动作形式具有较大的差异，动作技术的空间状态存在着不同的特点。虽然投掷各项目技术的运动形式具有不同特点，但合理的投掷技术动作都遵循着共同的运动生物力学原理，遵循斜抛运动的总体规律而进行。

根据人体投掷运动的总体规律，影响投掷远度的因素主要有以下几个方面（图 2–2–7）。

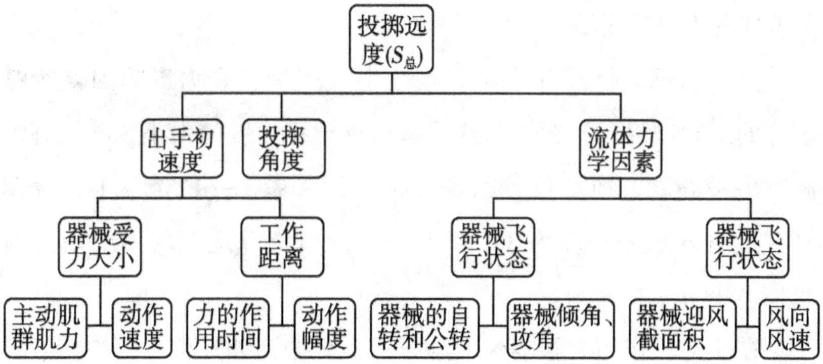

图 2–2–7　影响投掷远度的因素

铅球、链球这些质量密度大的圆形球体在空中飞行时所遇到的空气阻力较小，因而在进行其力学原理分析时可以将运动过程中空气所构成的阻力及其效应忽略不计。投掷铅球、链球的运动规律在力学范畴内符合于斜抛运动的基本规律。其在水平方向的运动可以参考抛射点与落地点在同一水平线上运动的力学原理进行分析，即：

$$S = V_0^2\sin2\alpha/g = TV_0 \cdot \cos\alpha;\ H = V_0^2\sin2\alpha/2g$$

式中，S 为投掷距离；V_0 为器械出手初速度；H 为器械在空中运动时所能达到的最大高度；T 为器械在空中飞行的时间。

在忽略空气作用力不计的条件下，器械出手的初速度是决定器械投掷距离的主要因素。

出手初速度的大小与投掷器械的距离成正比。在物体的斜抛运动中，如果抛射点与落地点在同一水平线上时，抛射角 α 两倍的正弦值（S）处于最大值，采用 45° 抛射角可以使物体抛射到最大的远度。由于投掷铅球时出手点与落地点不在同一水平线上，出手点和落地点连线与水平线之间存在一定的地斜角，因而投掷铅球和投掷链球的出手角度不是 45°。

投掷铅球、链球几乎可以视为空气阻力、升力影响因素忽略不计的运动项目，投掷铅球或投掷链球出手角度的大小，与投掷距离、出手高度、地斜角等因素有密切的关系，一般情况下，投掷铅球适宜的出手角度为 38° ~ 42°。投掷链球适宜的出手角度为 42° ~ 44°。

在受空气作用力影响较大的投掷器械中，如标枪、铁饼在空间飞行的远度受空气的阻力、升力的作用较大，所以标枪、铁饼的适宜出手角度为 30° ~ 35° 。

对投掷器械远度影响最大的因素是器械出手的初速度，而决定出手初速度大小的主要因素是投掷的最后用力过程中器械所受作用力的大小及其力对器械作用时间的长短，即器械所受的冲量大小。

根据动量定理 $F\Delta t=mv_1-mv_0=m(v_1-v_0)$；在投掷器械的过程中要增大器械出手初速度，必须通过预加速、最后用力技术阶段尽可能增大人体对器械的作用力和延长力的作用时间。

在动作技术上强调增大作用力以获得最快的动作速度，在最快动作速度的基础上通过加大动作幅度（即加长用力的工作距离）延长力对器械的作用时间，从而使作用在器械上的冲量（$F\Delta t$）最大，以获得最快的出手初速度。

（三）影响器械投掷远度的运动学因素

决定器械投掷远度的运动学因素主要是器械出手初速度、适宜的出手角度和一定的出手高度，从动作技术的运动学特征方面论述，合理的投掷动作应是在充分利用由预加阶段所获的动量基础上使最后用力的动作速度最快和动作幅度处于最大状态，才可能获得最快的出手初速度和适宜的出手角度，从而达到最好的运动效果。

1. 一定的出手高度

器械出手高度是影响投掷远度的重要因素之一，它主要取决于运动员的身高及四肢的长度比和出手瞬间技术动作的结构特点。据研究资料表明，当出手初速度为 16m / s 时，铅球的出手高度增加 0.2m，其成绩可提高 0.4m，因而在出手瞬间运动员动作应充分伸展，以适量提高投掷器械出手高度。

2. 适宜的出手角度

物体进行斜抛运动时，抛射角度的大小，对物体运动所能达到的远度和高度也具有重要的影响。当物体的抛射点与落地点处于同一水平面时，抛射角为90° 时的 $\sin\alpha$ 值最大，根据公式 $S=V_0^2\sin2\alpha/g$，因而采用45° 的抛射角可使物体获得最大的抛射远度。

但是由于人体进行投掷时器械出手点与落地点不在同一水平面上，存在着地斜角（器械出手点同落地点的连线与水平线所构成的夹角）的影响，地斜角越大则出手角度相对越小，它们之间存在着一定的反比关系。在具体的运动技术教学训练实践中，根据不同投掷器械运动项目规律及特点，通常将其最佳出手角度称为适宜的出手角度。

合理的器械出手角度与器械出手初速度、出手高度有密切的关系。一般情况下，就某一投掷项目本身而言，当出手高度保持不变时，器械的出手角度随出手初速度的提高而增加。通常铅球的投掷角度为38° ~ 42° ，掷链球的出手角度在40° ~ 44° 铁饼、标枪的出手角度除上述因素的影响外，还存在着空气动力学因素的影响，为使铁饼、标枪在空间飞行过程中获得最佳的升阻比和较好的飞行稳定性，铁饼、标枪的投掷出手角度为30° ~ 35° 。

适宜的出手角度对器械在空间运动状态具有直接的影响，出手角度对器械运动轨迹的影响主要取决于以下几方面的因素。

（1）器械出手角度和方向取决于最后用力阶段人体各环节作用于器械的作用力方向与力对器械的作用点。

（2）在最后用力阶段，器械应控制在正确的空间位置，应沿出手轨迹方向加速运行，应保持水平速度和垂直速度的合矢量方向与出手方向一致。

（3）由于投掷器械的出手点高于落地点且存在“地斜角”的关系，以及一些受空气动力学因素影响较大的投掷器械（标枪、铁饼）在空间飞行的状态，故最佳出手角度不是45°，而是根据其运动的最佳状态各自有其适宜的出手角度。

3. 出手初速度

影响器械投掷远度的运动学因素主要是适宜的出手角度和一定的出手高度，根据物体斜抛运动的基本公式：$S = V_0^2\sin2\alpha / g$。影响器械投掷远度的基本因素是物体抛射的初速度 V_0、抛射角度 α、投掷器械出手瞬间高度和重力加速度 g，其中物体抛射的初速度是最主要因素，出手初速度的平方与投掷远度成正比。

由于重力加速度在地球的同一纬度上 g 值为一恒量，因而在人体投掷器械时重力的影响为一常量，并且不可能改变，影响器械投掷远度的因素之中，最为积极的、可变的因素是器械出手的初速度。人体通过增大投掷技术性动作的幅度和速度，从而尽可能增大人体对器械的作用冲量而使器械的抛射初速度达到最快，出手初速度是决定器械投掷远度的最重要因素。

（四）影响器械投掷远度的动力学因素

1. 决定出手初速度的动力学因素

影响器械投掷远度的运动学因素主要是器械出手时的初速度，而决定出手初速度大小的因素则取决于投掷过程中，人体对器械作用力的大小及该力对器械作用时间的长短，根据动量定理：$F\Delta t=mv_1-mv_2$，可知，作用力的大小及其作用时间的乘积是决定受力物体动量变化的原因，即作用于器械冲量的大小与器械出手初速度的大小成正比。在投掷器械过程中对器械冲量的大小取决于人体投掷器械时，合理的动作技术，参与动作肌群收缩张力的大小及其肌肉用力地协调性和人体各环节用力地顺序性。

在具体动作过程中，为了在最后用力过程中使作用于器械的冲量达到最大，必须在充分利用预加速阶段所形成的人体与器械动量基础上，通过合理的动作形式、正确的用力顺序及提高肌肉收缩的协调性，尽可能加大对器械的作用力，尽可能加快动作速度，尽可能增大动作幅度以加长工作距离，延长力对器械的作用时间，使作用于器械的冲量最大从而获得最快的出手初速度。

在人体与器械的相互作用过程中，作用于器械冲量大小的还与相互作用时力的合力效应、力的方向以及作用点有着极为重要的关系。一般情况下，合力的作用点应通过投掷器械的重心。如铅球、链球的投掷时力的作用点要完全通过器械的重心，标枪的投掷时力的作用点不仅要通过器械的重心，而且要使合力的作用线与标枪的纵轴重合，即力的作用要通过标枪的纵轴。对于铁饼的投掷，由于要求出手时铁饼应保持其沿上下轴具有较快的旋转速度，以保持铁饼在空间飞行的稳定性，因而合力的作用线应通过上下轴心位置稍侧面，以获得一定的偏转力矩，使铁饼在空间的飞行构成复合运动（即物体的运动既有转动，又含有平动的复合运动）状态。

2. 最后用力动作的动力学机制

最后用力动作是在预加速阶段（助跑、滑步或旋转）结束瞬间，人体进入双支撑前开始的。合理的最后用力应考虑以下几个主要因素。

（1）最后用力前应充分利用预加速阶段所获的水平速度，形成良好的“超越器械”动作技术。

最后用力前的将预加速与最后用力动作技术进行有机的连接是提高最后用力动作质量的基础，对最后用力效果起着至关重要的作用。最后用力开始的动作特征是：在最后用力开始前，加快下肢运动，使身体的髋轴与肩轴扭紧，身体保持适当后倾，持器械臂充分向后引申，尽可能为最后用力动作创造较长的工作距离和最佳肌肉收缩用力地生物力学条件，形成良好的“超越器械”动作技术。

（2）形成牢固的支撑，提高动作技术的力学效应。

最后用力时人体各环节肌肉有效用力都是在有支撑情况下进行的。投掷用力需要肌肉在远端固定（支撑）条件下进行。首先是下肢支撑为髋和躯干用力提供有力的支点；其次形成牢固的左侧肩、髋、膝、踝支撑轴，增大肌肉群依次用力地传递效果。稳固的下肢支撑、各环节依次加速和制动是投掷最后用力动作的重要特征，也是动量传递的基本保证。

最后用力开始由右腿的髋、膝、踝伸展构成蹬地转联起体挺胸等动作。预加速到最后用力是连续的动作过程，最后用力和预加速末段的有机连接。左侧支撑腿（右手投掷者）积极主动快落，以保证助跑获得的动量的有效传递，能尽快形成双支撑用力。

（3）肌肉收缩前预先拉长进行弹性势能的储备，形成良好的肌肉预张力提高肌肉收缩力量。

肌肉收缩前预先拉长的程度及状态。有关研究资料证明，肌肉收缩前的初长度是影响肌肉力量的因素之一。肌肉在即将收缩前经适度拉长过程中，能储备大量的弹性势能，在肌肉收缩时释放出来，从而提高肌肉收缩的总张力。

因此，在投掷的最后用力过程中，应尽可能使参与收缩用力地肌群适度拉长，充分增大肌肉的预张力，尽量提高这些肌群环节的动作速度。如在最后用力开始瞬间，要求肩轴与髋轴相互扭紧，左侧以肩、髋、膝、踝为轴固定，肌群的充分拉长能够存储较多的肌肉弹性势能，为最后用力动作创造良好的生物力学条件。

（4）尽可能增大最后用力动作的幅度以延长力对器械的作用时间。

从力学角度去考虑器械出手速度与最后用力动作技术因素之间的关系，则可以结论为：器械出手初速度的大小与器械所受力的大小和力的作用时间之乘积成正比。即投掷器械的出手初速度与投掷器械所受冲量的大小成正比。最后用力时通过尽可能增大动作幅度以延长用力时的工作距离，在保持最大作用力的基础上，力的作用距离就成为影响器械出手速度的主要因素。提高力的作用距离是合理技术的重要组成部分，主要通过形成良好的超越器械技术动作，加大用力动作幅度构成对投掷器械的冲量是最后用力地关键。

（5）充分应用力的递增梯度变化及动量传递的作用规律，尽可能增大对器械的作用力（F），并使作用于器械的冲量（$F\Delta t$）最大，形成最快的动作速度。

力的梯度是作用于器械的力和作用时间的比值。一般认为，力量递增梯度可作为衡量爆发力水平的指标，投掷项目要求在最后用力阶段尽可能发挥出最大的力。作用于器械的力为最后用力阶段身体各环节肌肉收缩力传递与叠加的总合力，力量递增梯度越大，器械产生的加速度越大，因此最后用力动作要求肌肉快速收缩，以尽快达到最大力值。

动量传递在最后用力动作技术中是一个极为重要的环节，人体各环节在最后用力时符合人体运动链的原理。用力时机体各环节从近端向远端依次加速和制动，构成相邻环节肌肉依次快速拉长后引收缩。

由于人体肌肉的附着点都分布在关节的两侧，所以当一个环节加速运动后，相邻的下一环节处于被动状态，跨过关节的肌肉被拉长。环节加速，被拉长的肌肉预张力增大并使动量依次传递，使末端环节获得极快的运动速度。

最后用力时从下肢、躯干、上肢依次加速与制动，使各环节在力量的递增过程中形成良好的动量传递状态。最后用力时使人体助跑获得的动量经下肢的支撑制动作用传向躯干，与此同时躯干用力并产生加速度运动。躯干运动减速后，动量传向上肢，引起上肢用力后的加速运动。身体各环节自下肢依次向上用力并相继加速与制动，形成最快的器械出手速度。

最后用力动作的用力顺序遵循人体运动的“关节顺序活动性”原理，即首先由大关节肌群开始依次向中、小关节活动。形成整体运动的自下肢向躯干、上肢的用力顺序。

投掷运动的最后用力过程中，一切技术性动作的目的都是尽可能使器械获得最快的出手初速度和适宜的出手角度。因而投掷器械的动作，必须遵循尽可能使动作速度和动作幅度处于最大的基本原则。

（五）影响器械飞行的流体力学因素

投掷项目中，一些器械如铅球、链球在空间飞行时如果速度不变，则任何时刻所受的阻力大小不变，因此在研究空气动力学因素对器械飞行状态的影响时可忽略不计。但是标枪、铁饼在空间飞行时空气动力学因素对器械飞行状态则具有很大的影响。

标枪、铁饼在空间飞行时，空气对飞行物体产生阻力与升力两种作用形式。器械在空中飞行的阻力大小，取决于器械与空气之间的相对运动速度和器械形状与飞行状态。器械与空气之间的相对运动速度越大时空气阻力越大，由于田径运动技术追求最快的速度，因而不在该因素方面考虑减小阻力的问题。

空间飞行器械的形状与形成空气阻力有密切的关系，由于投掷器械（铁饼、标枪）的形状与质量分布是根据规则规定的，属于不变因素，所以不列为投掷技术研究的重点。而器械在空间的飞行状态，如器械倾角、冲击角、器械的自转和公转、器械迎风截面积等因素则与所形成的空气阻力、升力、器械飞行稳定性具有重要的关系。

根据盖林斯风洞实验资料表明：标枪迎风的倾角从0° 增至90° 的过程中阻力从最小增至最大。升力变化的规律则是从0° 增至45° 过程中升力从零增至最大，从45° 增至90° 过程中则由最大减至为零。升力与阻力之比最大值为标枪或铁饼倾角为25° ~ 29° 范围内。

在投掷标枪、铁饼时应尽可能使器械在空间飞行时能获得最大的升阻比（器械在空间飞行时所形成的升力与阻力之比即：升阻比 = 升力 / 阻力），同时保持较快的自转以增强器械在空间的飞行稳定性。

从空气动力学特性分析，影响器械飞行距离的主要有以下几个因素。

1. 空气压力中心与器械重心的位置关系

空气压力中心与器械重心的位置关系决定了投掷器械的公转角速度，器械在空间飞行时公转角速度的大小，取决于器械所受空气压力中心与器械重心之间的距离，在器械与空气相对运动速度一定时，空压中心与器械重心的距离越长，则空气压力对器械的翻转力矩越大，因而器械的公转越快。

国际田联在1987年对标枪规格的更改，尤其是使标枪的重心前移4cm的规定，实质上就是延长了标枪飞行时压力中心与器械重心的间距，加快了标枪飞行的公转从而减小了标枪的滑翔性能。

在正常情况下，铁饼空间飞行时所受的空气压力中心与铁饼重心之间的距离为零，因而铁饼飞行时所受空气压力翻转力矩为零，所以铁饼正常飞行时的公转角速度为零。

2. 获得器械空间飞行最大升阻比是提高投掷器械滑翔性能的重要原则

标枪、铁饼在空间飞行，最理想的状态是形成合理的倾角（标枪在顺风或逆风条件飞行时还应形成一定的冲击角）以获得最大的升阻比。在有一定逆风的情况下，空气的总作用力比无风时增大，其升力也随之加大，有利于增加升力，提高飞行的远度。

而在有一定顺风的条件下，虽然可以增加器械一定的飞行速度，但对升力损失也较大，会降低器械飞行的远度。不同的器械飞行速度，会影响各种角度的合理组合。由于器械在空中飞行条件较复杂，应根据实际情况确定最佳组合。

3. 利用器械转动的定向作用保持器械在空间飞行的稳定性

铁饼在飞行时，压力中心一般是在其重心的前上方，由于旋转力矩而具有陀螺效应，增加了抗偏摆的能力，使铁饼保持动平衡。铁饼飞行的稳定性与自转速度有关，一般来说转速越大，稳定性越大，标枪出手后产生的绕自体纵轴旋转速度，有利于提高标枪飞行的稳定性。

4. 构成最佳的投掷条件组合可提高标枪、铁饼在空间运动的距离

根据物体斜抛物运动方程可知，出手初速度是影响投掷距离的最重要因素，计算表明，出手初速度每增加 2.5m / s，抛射距离 S 可增加 10m 左右。

在出手初速度 V_0 恒定的情况下，影响投掷距离的还有投掷角和器械在空间的飞行状态（如出手角度、器械倾角、冲击角、公转与自转等）。

出手角是指器械出手瞬间通过重心的速度矢量与水平线所构成的夹角，器械倾角是指器械在空间飞行过程中其轴向（标枪的纵轴、铁饼的前后轴）与水平线所构成的夹角，冲击角是指器械纵轴与器械重心运动方向所构成的夹角，公转与自转分别指器械绕横轴和纵轴（标枪的纵轴、铁饼的上下轴）的转动。

5. 风速和风向对投掷标枪、铁饼的影响

投掷时的风速和风向对器械的飞行有一定的影响，因此理论上的最佳出手角、倾角和冲击角应在一定的范围波动，要将各种因素综合考虑才能求出其最佳值。

投掷铁饼时，一定的逆风条件有利于增加升力的作用，可延长铁饼滑翔的时间，增加投掷的水平距离。投掷标枪时，风速对 S 的影响较小，但呈现顺风使投掷的水平距离增大，逆风使投掷的水平

距离减小，侧风对标枪在空间飞行的不利影响最大，会影响标枪飞行方向而降低投掷的水平距离。

田径运动技术原理是田径运动技术教学、训练实践与运动人体科学相结合的产物，是指导田径运动技术教学、训练的基本原理，它对田径运动技术教学具有纲领性的指导意义。

第三章 田径运动技术的诊断与分析方法

本章主要为大家介绍田径运动技术的诊断与分析方法，为大家更好地了解田径运动的技术以及诊断与分析的方法提供良好的理论基础。

第一节 诊断与分析方法的分类

诊断方法可分定量诊断法及定性诊断法两种。

一、定量诊断法

该方法要借助一些仪器设备，依据所测得的数据进行计算分析，在此基础上实现对技术的诊断。与定性诊断法相比，该方法具有较高的科学性及相对准确性的特点，该方法又可分为：

（一）多机同步诊断法

同时用两台以上仪器并在时间上进行同步，对同一测量对象所做的测量。多机同步测量与单机相比，它突出的优点是，各机所测的信息资料在时间上同步，因而能进行同步分析诊断，大大提高了信息的使用价值。

（二）生物学指标诊断法

常用的有人体形态测量法、人体柔软性测量法及肌电测量法。

其他如人体惯性参数测量法、人体材料力学测量法等。

（三）静力学诊断法

常用的有握力测量法、背力测量法、关节肌力测量法等。目前一些测力仪器大都既能测量人体静力也能测量人体动力，例如：测力台、肌力矩测试仪（如 Cvbex、Bi、Dex）以及 TKK、AKM、BKM 测力仪等等。

（四）运动学诊断法

常用的有摄影测量法、摄像测量法。此外，还有红外光测量法、激光测量法、雷达测量法等。

（五）动力学诊断法

常用的有测力台、等速测力仪，此外还有 TKK、AKM、BKM 测力仪的测力方法和体操、赛艇、短跑等运动专项研制的多种动力学测量仪器。

二、定性诊断法

该方法的特点是方法简单，无须精密设备，但是相对比较粗糙。定性诊断法又可分为间接观察法及直接观察法两种。

（一）间接观察法

利用简单设备进行观察、计算与分析的方法。例如利用秒表及卷尺来推算铅球出手角；用卷尺、秒表及一些颜料（标志脚印位置）来推算运动员跑步时的步频及步长等等。

随着我国经济发展水平的提高，摄像机开始普及。用录像进行慢动作回放，也是一种较为流行的定性诊断的方法。该方法同样要求诊断者具有丰富的理论知识及一定的实践经验。

（二）直接观察法

通过肉眼观察，发现技术中存在的问题。例如，直接观察竞走中的腾空犯规及支撑阶段的屈膝犯规，铅球出手角的大小，跳高起跳姿态的优劣等等。该方法没有诊断数据作为依据，所以要求诊断者具备丰富的理论知识及实践经验。

第二节　人体运动学指标的检测

一、常用的人体运动学指标

人体运动学（kinesiology）是人体各部分的空间位置随时间变化规律的科学。人在运动时，肌肉形变量和内脏的相对运动范围与人体环节的运动幅度相比是一个小量，可以忽略不计，所以在人体运动学中，可以把人体简化为一个多环节的系统。

如果把人体各环节端点、环节质心和人体总重心称作人体标志点。则常用的人体运动学指标有：

人体标志点的运动时间 t

人体标志点的位置（X，y，Z）

人体标志点的速度（V_x，V_y，V_z）

人体标志点的加速度（a_x，a_y，a_z）

人体各环节的动量（mV_x，mV_y，mV_z）

人体各环节的角度（Φ_x，Φ_y，Φ_z）

人体各环节的角速度（ω_x，ω_y，ω_z）及角加速度（β_x，β_y，β_z）

人体各环节的动量矩（$I\omega_x$，$I\omega_y$，$I\omega_z$）

机械能：动能 $E_k=0.5mv^2$，势能 $E_g=mgh$

运动学指标是评价运动员动作技术好坏的重要定量指标之一，在专项运动中，人们选择那些能够反映动作技术特点的运动学量，作为技术分析的标准。通过分析运动员指标变化的不同规律，从而实现对运动员技术好坏的诊断。

二、人体运动学指标的检测方法

常用的方法有电学法及光学法。电学法是利用一些电测仪器将非线性的人体运动学特征量转化为电信号，然后加以处理、分析。

电学法如：角度传感器及加速度传感器等。

光学法如：照相、摄影、摄像、激光测速等。

三、摄像（影）测量成像的光学原理

若焦距为 f，则焦距、物距与像距间应满足：

$$1/f=1/U+1/V$$

在实际使用时，由于物距 U 在 10m 左右，而像距不足 20cm，$U>V$，相比之下，可见焦距 $f\approx V$（像距），也就是说，镜头的中心到录像带（电影胶片）的距离就可认为是焦距。

如图 3–2–1 所示，我们可以看出，由三角形相似关系，可得放大倍数（比例系数）K：

$$K=u/f=S/s$$

由于像长往往要小于物长，可将物长与像长的比例定义为比例系数，则比例系数满足 $K=u/f=S/s$ 或 $K=S/s$。一般情况下（不考虑摄像机物镜的畸变），物长与像长之间呈线性关系，所以可用一个标准长（例如 2m 长）的物体作为比例尺，检测出比例系数 $K=2/s$（s 为比例尺的像长）。若一个物体像长为 a，那么物长 $L=K_a=2a/s$。通过这个关系，可以实现人体标志点坐标的测量，进而实现运动技术的诊断。

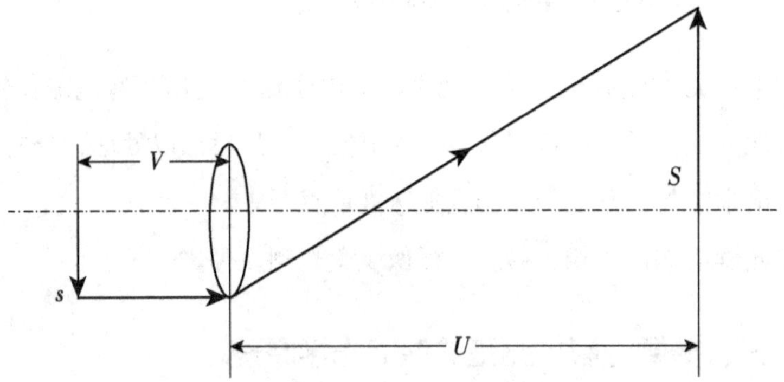

图 3-2-1　光学成像原理

（s 为像长，S 为物长，V 为像距，U 为像距）

四、平面摄像拍摄方法

常用的平面拍摄方法可分为定点拍摄、单参考点扫描拍摄及大范围多点扫描拍摄等几种。

（一）多参考点平面扫描拍摄

多参考点扫描拍摄法也叫大范围扫描拍摄法。如图 3-2-2，该方法是在参考点扫描拍摄的基础上，对人体运动画面进行较大范围的扫描拍摄的方法。该方法的优点是所拍摄的运动范围比单参考点拍摄范围更大，一般为：9 ~ 10m 的平面运动，均可使用该方法。

1. 跨栏，途中跑，最后冲刺

正侧面测量途中跑 5 步动作。

2. 跳远、三级跳远

正侧面测量从助跑最后一步开始到落入沙坑全过程动作。

3. 撑竿跳高

正侧面测量从助跑最后两步到过杆全过程动作。

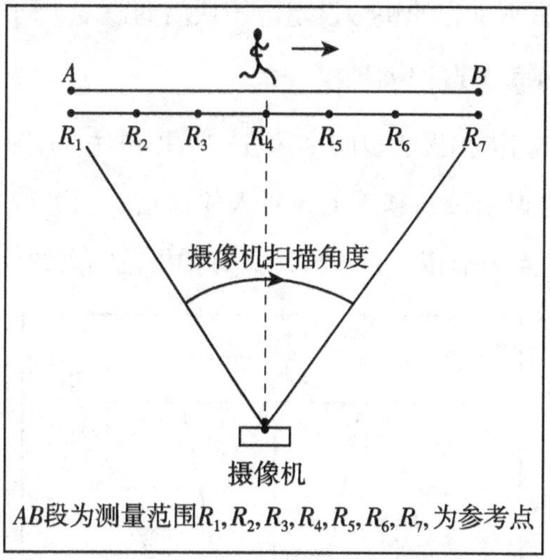

图 3-2-2　多参考点扫描拍摄示意图

但缺点是使用相对要复杂一些（在拍摄前要布置多个点，而在解析时，又要分别对它们进行测量），测量的精度会有一定的影响。为了提高精度，拍摄要求是：

（1）拍摄距离 L 应大于 15m，并测量出摄像机主光轴距地面的高度。

（2）测量范围与拍摄距离之比：$AB / L \leqslant 2 / 3$。

（3）调整摄像机的俯仰，使其平视运动。

（4）从远处开始拍摄跟踪运动体进入 AB 测量段，直到远离测量段后停止。

（5）在最靠近运动平面的地方，设置标志点，作为参考点：各参考点间距离可选 0.5m 或 1m，参考点的数量要在 4 个点上，在解析时，每两点间的比例系数要单独测量与计算。

（6）运动物体进入前 10s 开机，物体离开后 10s 停机。

（7）应根据动作的快慢设定电子快门的速度（同上）。

（二）单参考点扫描拍摄

单参考点扫描拍摄法也叫小角度扫描拍摄法。如图 3-2-3 所示，该方法是在定点拍摄的基础上，对人体运动画面进行角度跟踪扫描的方法。与定点扫描相比，该方法具有拍摄范围大的优点。

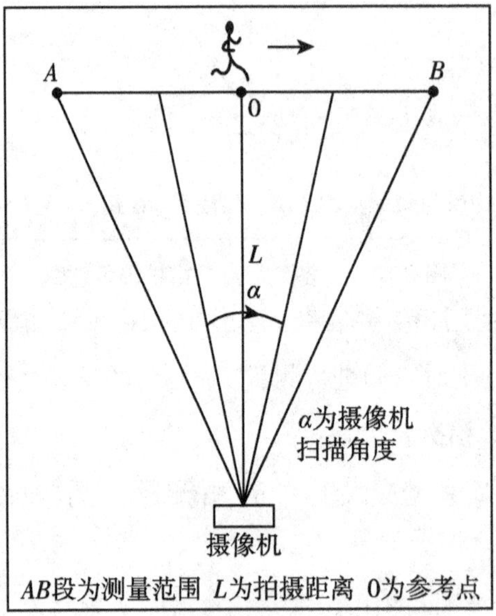

图 3-2-3　平面单点扫描拍摄示意图

但是，由于摄像机主光轴与运动平面不完全垂直，因而会带来一定的误差。然而，在拍摄时由于人体的画面可以适当加大（比定点的图像大），因而在一定程度上可以提高解析的精度。所以，只要拍摄角度及跟踪的速度控制得好，在测量精度上应该不亚于定点拍摄。该方法适合的项目有：跳远、跑步、标枪等带有较大运动范围的项目。拍摄时的具体要求：

（1）拍摄距离 L 应大于 15m。

（2）测量范围与拍摄距离之比：$AB / L \leqslant 1 / 2$。

（3）调整摄像机的俯仰，使其平视运动。

（4）从远处开始拍摄跟踪运动体进入 AB 测量段，直到远离测量段后停止。

（5）在运动平面内，设置标志点，作为参考点。

（6）在运动物体进人前 10s 开机，物体离开后 10s 停机。

（7）应根据动作的快慢设定电子快门的速度（选取方法同上）。

（三）定点拍摄

机身位置和镜头都固定不动的拍摄方法叫定点拍摄法。如图 3-2-4 所示，该法适用于小范围的技术动作，对于测量范围比较小（一般为：4 ~ 5m）的平面运动，均可使用该方法。

1. 竞走

正侧面测量一个复步动作。

2. 起跑

正侧面测量从预备式开始到起跑两步的动作。

3. 起跳

正侧面测量无转体起跳，助跑最后一步起跳；从预备式起跳到

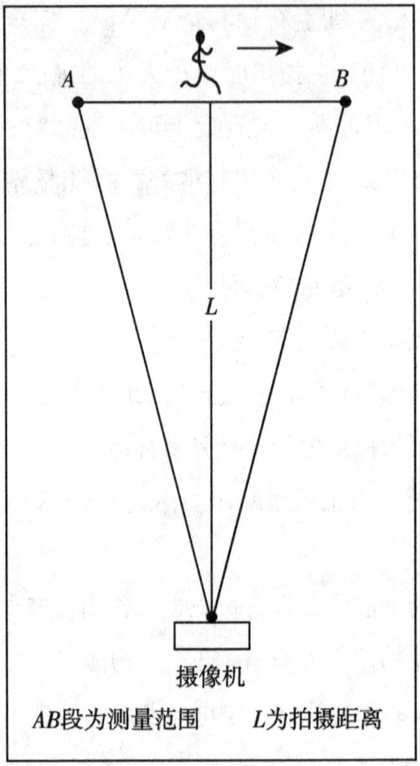

图 3-2-4　平面定点拍摄示意图

空中动作。

4. 标枪

正侧面测量助跑最后一步到标枪出手的动作过程。其优点是拍摄方法简单，技术分析的精度相对要高一些，但缺点是所拍摄的运动范围比较小。该方法可测量垂直于摄像机主光轴指定平面内的运动，具体要求如下：

（1）拍摄距离 L 应大于 10m。

（2）测量范围 AB 与拍摄距离 L 之比 $AB / L \leqslant 1 / 3$。

（3）调整摄像机俯仰角，使其平视运动物体。

（4）摄像机应聚焦于运动平面并锁定。

（5）在运动物体进入前10s开机，物体离开后10s停机。

应根据动作的快慢设定电子快门的速度。一般选1／250s，1／500s，1／1000s三档。室外动作光线较强时，可选1／1000s；光线弱时选1／500s。室内光线强时选1／500s，弱时选1／250s。有的摄像机如日本SONY机，可用手动方式下sport（运动）模式拍摄，则电子快门会根据动作的快慢及光线的强弱自动调节，以确保画面没有重影。

（四）标准的三维DLT测量

运动技术中人体各环节的运动几乎全是三维运动，只有三维摄像（影）获得的参数才能更准确地描述运动。在条件允许时重要的研究项目最好采用三维摄像。当然，三维摄像比二维摄像的技术要复杂一些，仪器要求更严格，数据处理工作量大，经费开支也要多一些。

国际上，20世纪70年代开始应用的DLT法进行三维摄像对生物力学的发展起了推动作用。20世纪80年代国外已广泛采用DLT三维方法进行运动技术的研究。

该方法用于测量运动体的三维运动，主要拍摄：

（1）铁饼、铅球、链球：三维测量从预备式到出手的全过程动作。

（2）跳高：三维测量从助跑最后两步到过杆的全过程动作。

DLT（Direct Linear Translation）是直接线性转换的意思。它的任务是通过对两架及两架以上高速摄像机从不同角度同步拍摄人体运动，用两个（或多个）摄像机的二维图像坐标按直线线性转换法获得的公式，计算出各关节点及有关器械点的三维空间坐标。

主光轴不成一条直线的两台（或两台以上）摄像机对一个运动画面进行同步拍摄的方法叫三维定点拍摄法。

1. 拍摄要求（图 3-2-5）

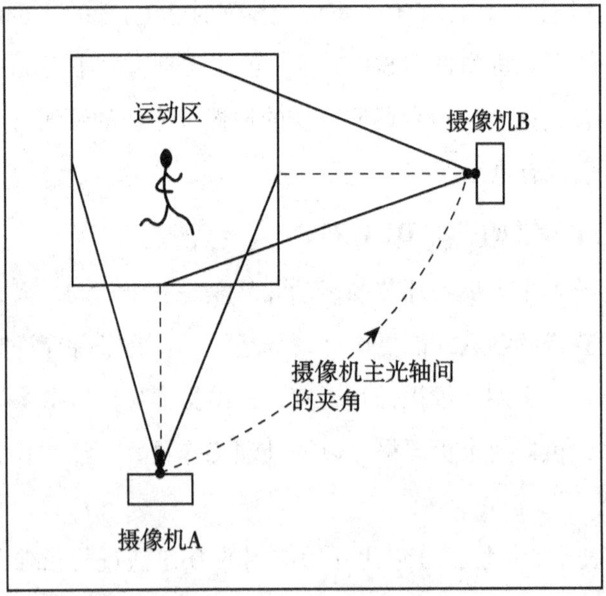

图 3-2-5　三维拍摄示意图

（1）拍摄距离应大于 10m。

（2）测量范围与拍摄距离之比应小于 1 / 3。

（3）调整摄像机的俯仰，使其平视运动体。

（4）调整三脚架，使图像的上下边为水平线，左右为垂线。

（5）摄像机主光轴间的夹角应大于 60 度，小于 120 度。

（6）摄像机应聚焦于运动平面并锁定。

（7）应根据动作的快慢设定电子快门的速度，一般选：1 /

50，1 / 250，1 / 500，1 / 1000。

（8）快门速度设好后，设镜头光圈，使图像亮度合适。

（9）在运动体进入镜头前10s开拍，离开镜头10s后停，拍摄全过程中，摄像机不可变。

2. 三维框架（图3-2-6）

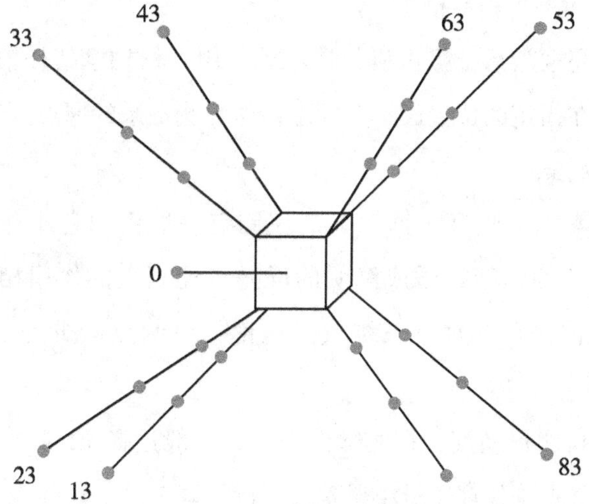

图3-2-6 三维DLT框架示意图

目前常用的框架是辐射状框架。辐射状框架由17根（8对加一杆）黑色金属杆子及25个白色小球组成。使用时，立体框架安装好后直接放置在地面上使用。由于框架大小为2m×2m×2m（2m直径范围内），所以拍摄范围在3m×3m×3m（3m直径范围）左右（测量空间向框架外的延伸量只有1.5倍左右，否则误差会变得很大）；而辐射状框架安装在一个三脚架上，框架的大小约为直径5m，所以拍摄范围在直径7m的范围内。辐射状框架小球的标定精度在2mm以内，明显地看出辐射状框架的优势。

三维 DLT 框架的标定：

（1）在运动区内放置 DLT 框架，调整框架的 *XY* 平面为水平面，*Z* 轴为垂直轴，*X* 轴指向需要的方向。

（2）等框架完全稳定后，拍摄 2min ~ 5min，并作好现场记录，画出框架像平面简图。

三维 DLT 坐标系校正：

在拍完框架后，摄像机保持不动，用一根拍框架杆拍一个 *Z* 轴和 *X* 轴，在指定的位置放一个标志，作为测量系的原点。

3. 控制点

为了增加清晰度，框架上的控制点一般由白色小球组成，这样可与黑色的框架杆子成鲜明的反差。控制点的作用相当于平面摄像时的比例尺。根据三维成像理论，控制点最少有 5.5 个不共面的点。

为了高测量精度，在实际使用中，一般选择 12 ~ 25 个控制点进行最小二乘法处理（最小误差法进行计算）。

4. 三维框架的标定及空间坐标的计算

标定步骤：

（1）在运动区域内放置 DLT 框架，调整框架的 *XY* 平面为水平面，*Z* 轴为垂直轴，*X* 轴指向需要的方向。

（2）等框架完全稳定后，拍摄一分钟，并作好现场记录，画出框架像平面简图。

（3）在拍完框架后，摄像机保持不动，用一根框架杆在地面水平放置作为 *X* 轴，在地面垂直放置作为 *Z* 轴，在指定的位置放置一个标志，作为测量系的原点。

空间坐标的构建：

目前常用的空间坐标合成方法为 DLT（Direct Linear Transform）法。该方法首先进行框架控制点的解析，计算出转换系数（矩阵 L_{xy}），然后，两个（或两个以上）运动图像坐标（x_1，y_1），（x_2，y_2）通过转换系数 L_{xy} 生成空间坐标（x，y，z）。

5. 解析步骤

（1）完成框架的解析：要求精度在毫米级误差范围内。如达不到要求，则要对控制点重新解析修正；个别点达不到要求，则可以删除。

（2）解析模型的建立：可根据研究对象的要求，建立有人体的模型或无人体的模型（附加点模型）。

（3）框架解析完后，对两个（或多个）运动画面进行数值化。数值化结束后，进行空间坐标构建计算，若有数据误差超过 2cm 以上，则必须进行修正（重新对该点数值化修整），然后再计算，直至达到要求。

（4）数据平滑处理及运动技术参数的计算。

五、数据平滑处理

由于设备的精确程度和环境因素的影响，原始数据中必然会掺杂着噪声信号误差。实验误差按性质可分为系统误差、随机误差和差错疏失误差。系统误差和差错疏失误差必须通过周密设计测量方案、严格控制测量过程和操作等解决。而随机误差的处理采用的是数据平滑方法。

目前运动技术诊断中常用的数据平滑处理的方法有：多项式曲线拟合法、五点三次法及数字滤波法等几种。

（一）多项式曲线拟合法

事先已知曲线形状时，最好用有关的函数曲线拟合。多项式最小二乘法拟合便是其中的一种常用的方法。现在已有通用计算机程序可方便地求得多项式方程。

体育运动中某些器械的飞行和人体腾空阶段质心的运动都是二次多项式，也就是抛物线。这类场合最好使用二次抛物线拟合原始数据，去掉噪声，可获得十分满意的结果。

（二）五点三次法

五点三次法也是运动技术参数测量中的一种平滑方法。该方法就是用抛物线根据最小二乘原则，去拟合与 x 相邻近的五个点（包括）本身，即 X_{i-2}、X_{i-1}、X_i、X_{i+1}、X_{i+2}、X_{i-2} 进而实现平滑的方法。

如图 3–2–7 所示，假定等距离点 t_1、t_2、t_3……t_n 上对应的测量数据为。x_1、x_2、x_3……x_n 假设数据序列很密，并且在每一个观测点的附近二阶导数为常数。由此可以取抛物线方程：

$$X=a+bt=ct^2$$

作为未知函数在（$t_i\pm\int$）小区间内近似。由最小二乘法原理确定上式系数。拟合函数确定之后也就给出了小区间内各个点的新的修整值，即平滑后的数值，计算式为：

$$X_i^1=(-3X_{i-2}+12X_{i-1}+17X_i+12X_{i+1}-3X_{i-1})\big/35$$

式中 X_i^1 为平滑后的第 i 点的数据。n 为总的样点数。在实际使用中，为了达到足够的光滑度，一般可平滑多次。

数据序列的两端点如 x_0，x_1，x_{n-1}，x_n 可以按照类似的邻近点导

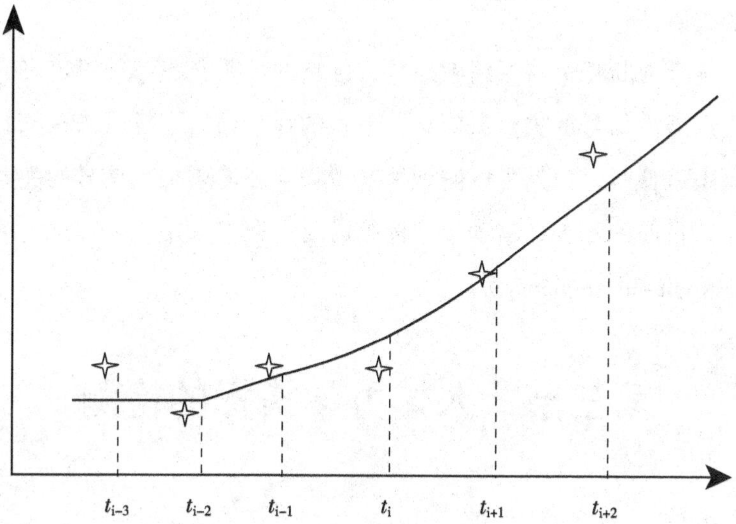

图 3-2-7 五点三次平滑法

出相应的平滑计算式。

五点三次平滑法的计算公式实际上是一个加权平均式，对数据序列中的每一个点处理之后，就称之平滑一次。计算公式像一个修正窗户从原始数据上滑过，因此也称滑动平均法。

（三）数字滤波法

目前国内外最常用的数据平滑法为数字滤波法。这一方法的目的是有选择地衰减某一频率以上的高频成分（噪声部分）。滤波时让低频信号（必要的信息）通过，同时衰减高频信号，这种滤波法叫低通滤波法（国际上也叫 Butterworth filter）。

在使用数字滤波时，我们应注意两个问题：

第一，虽然高频信号将分别被衰减，但并不能完全消除。

第二，信号本身也略被衰减。特别是信号与噪声相重叠部分衰减更明显（一般是在截断频率附近），这会引起信号产生不太大的失真。

选择截断频率对滤波效果是有影响的，截断频率选得过高，虽然可以减少信号的失真，但会让更多的噪声通过。反过来，选的截断频率偏低时，虽然可以剧烈地减少噪声，但增加了信号的失真。所以，目前国际上在运动学指标平滑时，通常采用 6 ~ 8Hz 的截断频率（cut-off frequency）。

第三节 人体力学指标的检测

一、常用的人体力学指标

人体力学（Kinetics）是研究人体力量特性的科学，可分成静力学及动力学。

人体在运动时，人体各个部分间相互作用，产生了人体内力；由于肌肉的收缩，就产生了肌肉力量及肌力矩；人体与地面的作用，就产生地面的反作用力。这些力量有的表现为静力性（dynamic）。

（一）常用的人体力学指标

（1）人体力量所用的时间 t

（2）人体力量（F_x、F_y、F_z、F）

（3）人体最大力量（力量峰值）（F_{xm}、F_{ym}、F_{zm}、F_m）

（4）冲量（I_x、I_y、I_z、I）可有以下积分公式表达 $I=\int F\mathrm{d}t$

（5）力量梯度：$\mathrm{d}f/\mathrm{d}t$，该指标可用于评价爆发力大小

（6）肌力矩：$M=FL$（力量乘力臂）

（二）与运动学关联的常用指标

由于运动学指标与动力学指标具有相互关联性（通过牛顿第二定律 F=ma 可将力学指标 F 与运动学指标 a 进行关联），那么当人体质量 m 一定时，可得：

加速度 a：$a=F/m$，加速度与力量间具有同向、同生同灭、同样形状的时间特性曲线。

质心速度 v: $v=\int a\mathrm{d}t=(1/m)\int F\mathrm{d}t=I/m$，速度与冲量的大小同向，同样形状的时间特性曲线。

质心上升高度 h: $h=\int v\mathrm{d}t=(1/m)\int(\int F\mathrm{d}t)\,\mathrm{d}t$。可见，质心上升高度可由力量曲线对时间的二次积分求出。

这些运动学指标可通过计算机软件（Kistler 测力台所提供的 ware 软件）计算而得。

二、人体力学指标的检测方法

常用的测试方法有测力台力量及关节肌力矩（Cybex Bydex 等）测法。测力台一般埋在地下，用来测试人体在运动时刻地面的反作用力（动力学指标）。但是，与杠铃及其他辅助设备的配合后，可做静力性下肢蹬伸力量及上肢力量的测试。

关节肌力矩测试系统（Cybex）是在等速运动下测试人体各个关节的肌力矩的，可用做动力性及静力性关节力矩测试。

三、测力台 Bosco 测试法

为了对不同的测试对象实现测试数据的可比性，意大利科学家

BoscO博士在使用测力台进行力量素质评判时提出了一套标准的测试方法。

（一）测试的标准化和环境的控制

标准化是取得测试成功的首要前提。标准化可以使同一测试对象的多次结果进行比较，即使测试操作者并非同一人。如果没有标准化，不同运动项目的平均值不可能进行相互比较。因此，通过许多精心设计、并应用先进仪器测力台的研究，BOSCO测试方法已经达到标准化。

BOSCO测试方案包括6套测试程序。每套程序在跳跃动作之前的准备动作（从静止状态先做反向的下蹲动作或带有连续的、有节奏的动作）和肌肉的专项特点肌肉的长度、肌肉拉长和收缩的速度、负不负重等等）两方面都有所不同。

为了使测试获得最佳结果，必须做到：

（1）鼓动运动员在测试时使出全力。在测试前，要让运动员明白测试的目的和要求。

（2）测试时不能匆忙。受试者初次参加的测试往往不易成功，一定要耐心讲解清楚测试的步骤和技术。

（3）在分析测试结果时，一定要根据性别、年龄、运动项目、训练年限、运动员当时所处的训练阶段、伤病史等情况做出具体的分析。

（4）要记录测试的地点、时间和环境条件（室内、室外、温度、湿度）。

（5）如果能做到以上几点，测试结果就是正确的，做出的诊断也是可信的。

（6）必须注意的是，体能测试的有效性不仅取决于测试方法的可复性（BOSCO方法。重复性相关系数介于0.94与0.97之间），还定于测试的专项性。

操作注意事项：

（1）在测试前必须使腿部伸肌充分活动开，尤其在气温较低时。

（2）在剧烈的体力活动后由于疲劳的影响不能进行测试。

（3）在安排测试顺序时，要把最费劲的测试排在最后。

（4）测试最好安排在与通常训练时间相同的时间。

（5）测试之间要有足够的恢复时间，但不能过长。

（6）受试者要穿运动衣和运动鞋，鞋底要硬软适中。

（7）测力台的表面要有防滑处理。

（二）标准的BOSCO测试方案

（1）从静力状态蹲跳（SJ—Squat Jump）或下蹲跳（CMJ—Counter Movement Jump）。

（2）负重蹲跳（20kg ~ 100kg杠铃），特别是与受试者体重相同的重量（SJbw）。

（3）下蹲跳或带有下沉的起跳。

（4）跳深（DJ—Drop Jump）或从20cm ~ 100cm高度跳下后起跳或等长起跳。

（5）连续下蹲跳（CMJ）5s ~ 60s。

（6）直腿连续跳5s ~ 7s（可有手臂或无手臂动作；可用低栏或不用）。

（7）做测试与力量评价时，可以根据具体情况，选择其中的几项（或全部）进行测试。

四、测力台静力性蹲伸力量测试法

静力性蹲伸力量测试要求运动员站在测力台上，用肩部用力顶住紧固在杠铃架上的杠铃杆而测得的力量。测试时，人体的姿态可采用深蹲、半蹲或浅蹲，但要求专区干挺直。为了避免受伤，在测试前一定要做好充分活动。在测试时可在肩部放置一块海绵或软布以避免疼痛。测试的曲线（图 3–3–1）。

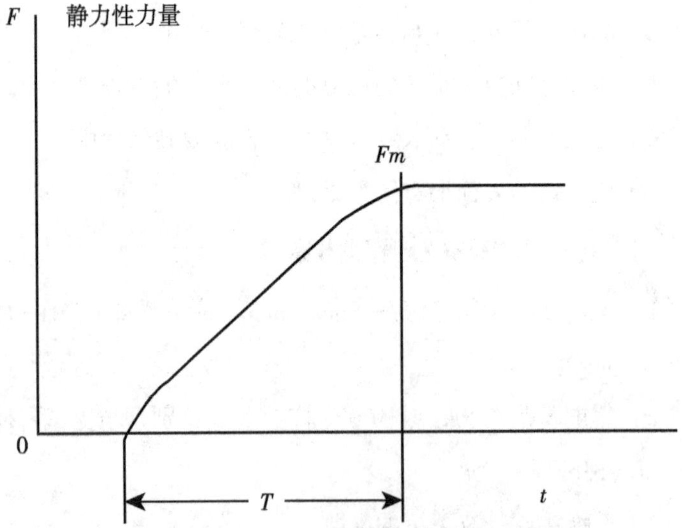

图 3–3–1　下肢静力性蹲伸力量曲线

与动力性力量曲线相比，静力性力量的力量曲线要平坦一些，表现为最大力量及力量梯度均要小一些。

这种测试方法是一种等长收缩的测试法，其力量的变化过程是从 0 到 F，持续的时间为 T。用该方法可做最大静力性力量测试，以及进行静力性力量梯度、节律性收缩下疲劳特性方面测试与分析。

第四节　运动学与力学指标的同步测试

一、多机同步测量方法简介

（一）多机同步测量方法的概念及定义

用两台或多台仪器同时测量同一对象，以同一时间标准和时序（时间顺序）进行时间标记，使各机所测材料具有同一的时间标准、时序和实时对应关系，即在测量过程的每一瞬间，各机所测材料均具有同时关系。此种测量方法称为多机同步测量方法。

（二）多机同步测量方法的作用与优点

多机同步测量方法与单机同步测量方法相比，其优点是所测材料丰富多样的优点：

（1）可以更全面地反映受试者的状况和属性。

（2）可以按照同一的时间标准、时序和实时对应关系，将各机所测材料在同一时间坐标轴上绘制成实时对应图，因而可以更好地观察、分析各机所测材料的内在关系。

（3）可以根据所测材料的实时对应关系，更有针对性地用统计学的方法对各机所测材料作相关分析。

（4）可以根据各机所测材料的实时对应关系，用数学方法进行合成转换处理，得出能更好地反映受试者的状态和属性的参数。

例如，用三维测力台、高速摄像机和多道遥测肌电仪等三种仪器对跳高起跳动作进行多机同步测量，不仅所测材料具有各自的价值，而且可以将起跳蹬地力量三维曲线、起跳动作的录像连续图片和起跳动作选测肌肉的肌电图等三种测量材料，在同一时间坐标轴上制成同步图，以观察、分析跳高起跳的蹬地力、起跳动作图像和肌电图三者之间的因果关系，找出起跳动作的优缺点以及成败原因和解决办法。

所以立体摄像测量方法与平面摄像测量方法相比，不仅提高了测量精度，而且发生了质的飞越。

二、多机同步测量方法的特点和分类

（一）多机同步测量方法的特点

多机同步测量方法的关键是同步。多机同步测量方法与非同步测量方法相比，其差别、作用、优点和技术关键均在同步。同步方法和技术的优劣决定同步技术的精度和成败。

（二）多机同步测量方法的分类

同步方法的种类视同步方法的分类标准而定。由于多机同步测量方法正在发展中，因而至今还没有统一的同步方法分类标准。

目前使用的有以下几种同步方法：

（1）内同步方法。

（2）外同步方法。

（3）同种测量仪器的同步方法。

（4）非同种测量仪器的同步方法。

（5）计算机同步方法。

在实际应用中，往往根据各自所用测量仪器的情况和测量现场的条件，选用一种或几种同步方法，或是自己研制同步方法。

三、常用的多机同步测量方法

（一）内同步测量方法

在三维摄像测量中，有的摄像机具有内置同步信号发生器，在每台摄像机间用一根电线相连。这样每台摄像机都是在同一基本信号控制下，由内同步器控制实现完全同步地运转（直接同步），或者每台摄像机都按各自的运行频率或时钟独立运行，但都能记录一个共同的同步信号，都能确定各种测试数据在时间上的瞬时对应关系。直接同步要求摄像机在生产时就具有同步功能和同步接口。

具有同步功能的摄像机，一般是专业摄像机，价格相对要高一些。如 WV-3170A 型摄像机专用同步控制器，它用于此种型号摄像机的同步启动和停止，并使用每台同步摄像机的屏幕右上角记录完全同步的数字时钟信号。

在运动学与力学指标同步测量中，也可通过计算机及数据采集器设置同步信号，但这种设置需要一些专业知识。

（二）外同步测量方法

1. 测力台与摄像机同步

可根据力学原理，采用数学积分的方法，找出一些特征位置。如原地纵跳时，双脚离地时刻质心速度最大，但是地面反作用力等于零，所以通过该点是很容易找到同步点的。在进行该类同步分析时，最好将测力台采样频率调到与摄像机同频率或是摄像机的整数倍，这样有利于实现同步测试。

2. 三维摄像测量

每台摄像机都按各自的运行频率（我国一般采用 PAL 制，以

50Hz 相同的频率）或时钟独立运行。同步点的寻找，可选择人体运动时的突变时刻（如跳高时起跳点——起跳脚的起跳离地时刻；散打侧弹踢的打击时刻等等）。此时，两台（或多台）摄像机的频率虽然一样，但在时间上不可能完全匹配（完全同步），所以在找到上述“同步”时刻时，还需要适当进行修正（如 PAL 制一场画面中，加上半场或四分之一场；或是减去四分之一场等），这样基本上可以近似实现同步（误差比较小）。

第四章　田径运动的教学实践研究

本章主要为我们讲述了田径运动教育的指导思想，介绍了田径运动教学的一些基本内容和文件，重点阐述了田径运动技术的教学，比较详细地阐述了田径课程的考核与评价相关的内容。

通过本章的学习，能够让大家明确田径运动的课程目标以及教学任务，进而树立一种田径运动教学的现代新理论，熟悉田径运动教学的基本内容和基本文件，田径运动技术教学各阶段的任务和特点，充分掌握好田径运动课堂组织教学方式和教学方法，了解田径运动考核与评价方法。

第一节　田径运动教学的指导思想

一、田径运动教学全新理念

（一）田径教学理论与方法的发展

最早的体育教学可以追溯到 19 世纪初，随着体育分科教学的出现有了体育教学法。在早期的体育教学中，田径只是体育教学中的一项内容，只是到了 19 世纪末期，经过 70 余年的发展，田径运动教学理论与方法才逐渐走向成熟。

我国田径运动教学理论与方法的建立和发展是在 1949 年以后。

20世纪50年代初，在学习和引进苏联田径教学理论的基础上，我国的田径教学理论与方法开始逐步建立和发展起来。

20世纪60年代初、中期，我国田径运动教学研究曾有过一段热潮。

20世纪60年代末期至20世纪70年代中期，田径教学理论的研究受到了极大的阻挠和危害，直到20世纪70年代后期我国田径运动教学理论研究才得以恢复，20世纪80年代以后的10余年，我国田径运动教学理论与方法得到了全面充实和发展。

以中老年教师和攻读田径运动教学理论与方法的硕士研究生为主体，对田径运动的教学规律与教学原则的运用、新的教学理论与方法的引进和试验研究、国内外田径教学理论与方法的比较、学生个性学习特征的探索、教学效果的测量与评估等广大领域，进行了大量的、富有深度的研究。

（二）现代教学论思想对田径运动教学理论与方法作用

田径运动教学理论的发展，自始至终都遵循着教育学、心理学的原理和原则。

近代教学论基础是捷克教育学家夸美纽斯的《大教学论》，他提出的关于建立学年制和分班、分科授课教学制的主张，以及所提出的直观教学、循序渐进等诸多教学原则，为后来的体育分科教学奠定了基础。随着体育分科教学的出现，体育教学法应运而生。

（三）田径运动技术发展带来的机遇

经过了一百多年的不断发展和进化，田径运动也逐渐得到了完善，自从20世纪60年代末期以来，世界田径运动逐渐进入了一个以速度为核心和以技术为核心的时代，田径运动的发展非常迅速，所以，一些新型的田径运动理论和田径运动技术也逐渐出现在人们的面前。

（四）教学手段的变化促进了田径运动教学理论与方法的发展

随着现代体育教育的发展和我国客观上的需要，各种学制的教育对田径教学提出了新的要求。采用的田径教学理论、手段、方法必须符合各学制的特点。

因此围绕着各种学制而进行的教学研究和教法改革，也促进了田径教学理论与方法的发展。科学技术高速发展和应用手段的现代化，对田径运动教学理论的发展也起到了积极作用。

二、田径运动课程目标和任务

（一）田径运动课程目标

田径运动课程的基本手段是走、跑、跳、投等，主要经过这几种手段进行基本运动，具有一定的竞技性、健身性，田径运动的主要课程目标就是全面发展人们的运动能力和生存能力，全面提高人们的身心健康水平。

田径运动课程的总目标是掌握田径课程的基本伦理和知识，将田径运动的技能和方法达到一个全新的高度，并且具备在课外指导田径运动健身和管理的相关技能，形成一个良好的专业素质和心理素质，从根本上提高社会的适应能力。

（二）田径运动教学的任务

1. 进行田径运动各项技术的教学

通过田径的教学，能够让学生掌握一定的田径运动技术，由于田径运动的项目比较多，在教学实践有限的情况下，教师就要选择一些主要的田径运动技术项目进行教授，使学生能够通过学习初步掌握一些主要项目的技术，但是需要切忌的是，千万不要每项都教一点，但是没有一个特别精通的项目。

通过田径运动项目技术动作的不断练习，严格的训练和要求，最终提高学生的体育运动能力，但是对于田径运动专项的学生我们应该按照田径各个项目的学习要求逐步进行，以使学生对田径运动技术知识的了解和掌握更加全面。

2. 传授各项技术的教学方法

对于田径专业的学生，通过田径课的教学，还要求学生掌握田径教学的理论与各项技术的教学方法，学会田径教学文件的制定。以便在今后的实践中能熟练地运用，更好地推动田径运动的广泛开展。

3. 提高学生田径运动理论知识水平和认识能力

我们不难发现，田径运动是世界众多体育运动中非常重要的运动项目之一，我们通过田径运动理论的学习，能够使得学生进一步去认识田径运动，自大限度地提高田径运动的理论水平，在体育的领域中，开展田径运动的教育和训练能够培养和发展学生的认知能力。

4. 提高各项身体素质和健康水平

众所周知，田径运动是最能够体现运动员身体素质的运动项目，我们通过对田径运动项目的反复练习，在一定程度上能够提高学生的各项身体素质，达到增强人们身体素质、促进健康的目的。

5. 加强学生的素质培养

在学习田径运动各项技术过程中，会遇到很多困难和阻力。通过严格要求，应让学生在学习中克服困难，勇于吃苦，勇敢果断，严守纪律，并做到互相帮助，互相学习，尊师爱生，充分利用田径项目的特点，培养学生的优秀品质。

第二节　田径运动教学的内容和文件

一、田径运动教学基本内容

田径课程教学内容的构建，以竞技性、健身性和实用性 3 大属性为依据，主要由基础运动能力、田径主要技术和实用技能 3 大板块构成。

（一）基础运动能力

（1）走、跑、跳、投的多种健身练习方法与手段。

（2）走、跑、跳、投的多种教学方法与手段。

（二）田径主要技术

1. 理论部分

田径运动概述；田径运动技术原理；田径运动教学；田径运动竞赛；田径运动场地等。

2. 运动项目

短跑、中长跑、跨栏跑、接力跑；跳远、跳高；铅球、标枪等。

3. 实用技能

（1）越野跑；远足；游戏性、休闲娱乐性跳跃和投掷等。

（2）定向越野等户外运动。

二、田径运动教学基本文件

（一）田径运动教学大纲

1. 前言

前言是对田径教学大纲总体规划的说明。首先要明确指出制定田径教学大纲的依据，要明确培养目标、田径教学的任务和要求。田径教学大纲是教研室教师进行和完成田径教学工作的指令性文件，教师必须全面完成大纲中所规定的内容和要求。未经教研室允许，不得更改和违背田径教学大纲。

2. 教学时数的分配

教学时数的分配要根据教育计划中规定的田径教学的总时数，按一定比重分配到理论和技术两大部分之中。具体安排教学内容和课时时数应注意以下几点。

（1）理论课与技术课的课时，应根据培养对象和培养目标的不同要求，确定恰当的比例。每学期一般都应安排有理论课和技术课。

（2）男、女生的教材内容可以有所区别，但课时总数和 3 大类课时数应保持一致。

（3）要明确规定每学期考试、考查的项目，并规定考试和考查的课时数。

3. 教材内容

要分别列出所授教材的内容细目，要求教师在不脱离教材基本内容的基础上，结合国内外体育科研的新进展和新成就讲授其新的发展动态、特征以及不同的学术观点，扩充教材的广度和深度，启发学生的求知、求新意识，指出其发展的方向和途径。

4. 独立作业

为了能够更好地培养学生独立思考、分析问题和解决问题的能力，我们应该在大纲中列举出一些关于田径运动的理论基础以及技术技巧的作业题目，学生可以参考相关的资料，可以联系最新的体育新闻进行作答，教师应对这些作业题目进行明确的内容规定以及相关的评分标准。

5. 课堂实习

为了能够更好地培养学生的实际工作能力以及理论与实际相互联系的能力，我们应该适时地安排一些学生在课堂上进行理论和技术课的讲解，并且要对学生讲解的内容、方法等制定出明确的评分标准。

6. 成绩考核

田径运动教学的成绩考核要根据教育计划规定的各学期考试、考查要求进行，教学大纲中要明确规定考核的内容和方法、技术项目考核的技术评定的规格要求、技术达标的评分标准。对于学生的学习态度、课外作业、教学实习的情况，也应有明确的评分标准。在教学大纲中还应明确规定理论考试、技评、技术达标、平时表现和完成课外作业、课堂实习等方面考核所占的评分比例。技术评定既要注意科学性，又要注意可操作性，技评的指标不宜过多、过细。

（二）田径运动教学进度

1. 学期教学进度

田径教学进度是根据教学大纲中所规定的各个学期的课程安排以及课时的分配来决定的，并且在教学进度还需要参考一些年级和班级的具体情况。

教学的内容一般要包括各个年级以及各个班级的周次田径运动课程，他们的教学进度和任课教师都要有明确的制定，田径运动教学的进度是教研室的教学总课表同时也是一个教室在该学期进行教学的时间、内容以及对象的依据。

2. 田径理论与技术课的教学进度

田径理论课和技术课的进度是根据田径大纲规定的教材内容制定的，基本是不可更改的进度，他的内容应该包括理论课的教学重点、实践课的课时任务、教学的方法和步骤、作业考试考察的条件、评分标准等。

第三节　田径运动技术的教学实践指导

一、田径运动技术教学的基本阶段

田径运动技术教学除要遵循一般的教学原理外，教学过程中还有其自身的特点。这些特点取决于田径运动各项目的技术动作，因此在安排这些项目的技术动作教学时，应遵循和符合动作技能形成的规律。田径运动技术教学一般可分为3个阶段，即学习阶段、掌握阶段和提高阶段。

（一）学习阶段

1. 任务

学习和初步掌握技术动作，使学生建立完整、正确的技术动作概念。

2. 特点

在这个阶段是学生初步掌握运动技术的阶段，是非常重要的时期，他的生理特点就是大脑皮层兴奋和抑制过程逐渐扩散，多种反射之间的联系并不稳定，是掌握的初级阶段，这个阶段的学生在做技术动作的时候一般会比较紧张，动作也不会协调，节奏感和控制能力相对较差，比较容易出现多余的动作等。

3. 方法

通过老师的讲解和示范或者运用现代化的教学工具进行教学，最大限度地使学生更加直接地了解整个技术动作的过程和要点，在今后的比赛过程中能够得到全面的应用，使学生初步掌握一些基本的技术动作。

4. 教法重点与注意事项

教法的重点就是在强化正确的技术动作概念基础上，完成技术动作的正确吮吸和正确结构，在进行讲解、示范和辅助技术手段的外力帮助时通常采用正面教学的方式为主。

注意事项主要有以下几方面。

（1）选用的教学手段要有利于学生建立正确的动作概念，有利于学生主动完成动作。在教学中，通常采用降低练习条件或简化了的动作进行练习。练习中要突出技术的主要环节，不宜过高要求技术细节。

（2）要重视预防和纠正学生在练习中出现错误动作。在纠正错误动作时不宜急于指出，以免造成强化错误的恶果，而应反复强调正确的技术动作要领，使其建立正确的技术动作概念。要多肯定其正确动作，从而增强其学习的信心和积极性。

（3）这一阶段的教学时数不宜过多，对学生掌握技术的程度不要要求过高，学生基本上能做出正确技术动作即可。

（4）要保证学生有充足的练习时间和练习次数，使学生反复体会和练习，以达到强化动作的目的。

（二）掌握阶段

1. 任务

使学生基本掌握正确技术。

2. 特点

在这个阶段中，是学生粗略地掌握一定技术的阶段，他的胜利特点是大脑皮层的兴奋和抑制性逐渐集中到正确的位置，是初步建立正确技术动作模型的关键时期。

3. 方法

（1）逐步提高练习的条件和难度，加强学生对技术的理解，清楚技术环节之间的关系，提高学生观察和分析技术的能力。

（2）纠正错误动作，改进技术细节。

（3）通过多次重复完整的技术练习，达到掌握正确技术动作的目的。

4. 教法重点与注意事项

（1）除对带有一般性或普遍性的错误动作进行集中纠正外，还应注意个别纠正学生的错误动作。对学生出现的问题，要帮助其分析原因，使学生清楚自己是属于动作概念不清，身体素质不够，还是心理方面的原因。纠正错误动作要对症下药，要有具体方法和要求。对一些掌握技术较慢的学生，要耐心细致，多看他们的长处，帮助他们树立信心。

（2）要注意逐渐加大完整练习的比重。完整练习应逐渐过渡到按比赛规则进行，使学生体会和掌握完整技术动作的节奏感和连贯性。

（3）由于学生的情况不同，可能出现两极分化的情况。这时教师的指导重点应放在帮助差生上。对于掌握技术较好的学生，可向他指明进一步提高的途径。

（4）随着学生练习的速度和强度的加大，更应加强课堂纪律和安全的教育，注意预防伤害事故的发生。

（三）提高阶段

1. 任务

根据个人特点进一步改进和完善技术，提高运动成绩，提高理论知识水平和教学工作能力。

2. 特点

这一阶段是学生的技术由熟练到完善并表现出个人特点的阶段，其生理特点是大脑皮层兴奋过程高度集中，内抑制牢固，接通机制稳定，形成牢固的动力定型。

3. 方法

（1）针对学生个人特点提出改进和完善技术的方法。

（2）通过课堂讲授和引导学生查阅有关文献资料，扩大知识面，加深对技术的理解，提高观察和分析技术以及理论联系实际的能力。

（3）在提高课堂教学有效性的同时，加强对学生课外练习的引导和提示。

4. 教法重点与注意事项

（1）这一阶段，由于大多数学生都是完整技术练习。且强度大、速度快，教师应通过多种练习方法，调节课的节奏和控制运动负荷量。同时也要加强预防措施，防止课中出现伤害事故。

（2）要求学生善于独立思考，加强学生辨别和分析技术的能力。教会学生正确教学方法和基本教学顺序与步骤，介绍提高运动成绩的基本训练方法和手段等。

（3）在学生技术水平和运动成绩不断提高的同时，还应注意理论知识的同步提高。这一阶段，教师可向学生介绍不同的技术类型、技术发展的特点和趋势、理论研究成果等。

二、田径运动技术的课堂组织教学

在田径运动技术课堂教学过程中，常采用讲解、示范、提示、提问、考试 5 种教学方式。由于是技术学习，不仅需要听懂记住，更重要的是肌肉本体的感觉和反复体会，因此要突出精讲多练。

（一）讲解

讲解是技术教学时运用语言形象地描述技术动作要领，提出要求，表达教师思想，进行教学的一种方式。在讲解中要突出重点，语言生动形象，富有启发，善于引导，注重讲解的时机和效果。也可以适当地采用“口诀”、“顺口溜”等语言方法进行讲解。

比如铅球教学中对最后用力的教学口诀是“蹬、转、送、挺、推、拨”，跨栏技术的口诀是“抬、蹬、攻、压、提、送”等。教师要熟悉田径各项技术教学的用语，用构成田径学科知识框架体系的名词术语进行讲解。

在练习中讲解和对学生练习技术进行分析时，要注意讲解的时机。常在学生情绪高涨时，用表扬和纠正错误并举的讲解；在学生练习疲劳间歇时，可进行技术细节的分析；在学生有畏难情绪时，应给予技术肯定和鼓励性讲解。合理清楚的讲解使学生上课能够保持饱满的情绪和昂扬的斗志，提高教学效果。

（二）示范

示范是教师教技术时自己先将技术动作表演出来的一种主要教学方式。它首先可以给学生技术的直观感觉，对建立正确的技术概念有很大的帮助。运用这一教学方式时要有目的地突出主要技术环节，选择合理的示范位置、方向与示范时机，还要注意示范的方式。

学生初学技术时教师最初的示范应该是正确、优美、协调的完整技术示范，有助于学生建立正确的动作概念和运动表象，有助于激发学生跃跃欲试、积极主动的高涨情绪，从而可以有效地提高学习效果。

（三）提示

提示是田径技术教学中用简短的语言提醒学生在练习中注意技术要点的一种教学方式。学生自身的技术练习是田径技术教学中的主要内容。通过教师的讲解示范，学生在大脑中初步建立技术概念，然后通过反复的技术练习，逐步建立本体感觉的条件反射，并通过反复实践练习，达到改进技术，并不断完善技术，最终掌握技术的目的。提示便是学生技术练习中最常用的一种教学方法。

在技术练习时的提示要事先提示动作要领，然后根据练习中的情况提示某一技术环节的主要动作，用语应简短明确。

提示要抓住技术环节的难点、重点，与技术动作的练习同步提示。如常用的语言有“摆腿”“摆臂”“加大幅度”“送髋”“提重心”“挺胸抬头”“挺髋”等。

（四）提问

提问是技术教学中提出问题让学生回答的一种教学方式。它常用于理论教学课，但是在田径技术教学中也不应忽视它。提问能够使学生事先预习，主动思考，并在学习中不断复习学过的知识，起到启发学生思维，做到想练结合，提高教学效果的目的。

教师可把各技术环节重点、要点列成各种问题，分课次、分时机提出，使学生常思考、多琢磨，有利于提高学生分析问题的能力和对技术动作的掌握。在教学后期，还可以对重点问题采用提问与讨论相结合的方式，活跃学生思想，加深技术印象，调动学生学习的积极性。

（五）考试

考试是田径技术教学中检查教学效果、复习巩固所学知识和技术的一种教学方式。田径技术教学的考试一般分为理论考试、技术考核、平时考核 3 种。根据每学期学习内容的具体情况将这 3 种考试按不同的比例给予综合评分。平时学习的考核一般以学生上课回答问题、学习态度的评价为主。教师应当通过考试总结教学中的经验和教训，以利于不断改进教学，提高教学质量。

三、田径运动技术教学方法

教学方法是指在教学中为完成一定的教学任务所采用的一些方法和手段。

田径运动的教学一般分为技术教学和理论教学。在技术教学中，为了更好地学习和掌握田径运动的各项技术，必须首先了解学生学习技术，形成一定技能的学习规律。然后根据学生学习过程中的具体情况，选择适当的教学方法，并通过合理的、正确的教学手段，在教学过程中使学生尽快掌握田径各项基本技术。

（一）发现教学法

发现教学法是指在教学过程开始的初期以及学习的全过程中，不断提供学习的有关线索，找出学生学习技术方面可能遇到的一些问题，让学生自己根据线索去独立发现问题，让学生带着问题去学习、去练习的一种教学方法。

一方面，学生在练习中找到问题的答案；另一方面，让师生在学习过程中共同发现新的问题，在实践中再找答案。

教师在运用发现教学法时，首先要对学生学习技术的难点，对可能出现的问题进行分析，然后逐条列出，提供给学生学习时使用。常用卡片教学形式，把记载问题的卡片发给学生，学生根据问题进行思考、回答和练习。

发现教学法的优点是能够使学生主动参与教学过程，带着问题学习，对提高学生的能力，开发学生的思维，提高学生的创造能力以及提高对正确的理解能力都有一定的好处。但对组织教学带来一些难度，如不易控制教学进程，学生接受知识的系统性不够等。

（二）完整教学法

在田径技术教学中，以完整技术动作练习为主的教学方法称为完整教学法。每一个田径运动技术项目的教学都应该在适当的时机采用完整教学法。使用完整教学法可以保持技术动作的整体性及正确的技术结构，使动作连贯自然，有利于较快地掌握某种技术动作。

尤其是对一些技术动作较为简单，难以断开的项目如竞走、中长跑、加速跑等，它们的技术动作都是周期性的动作环节，不宜再分成单个技术环节让学生去练习。在反复的完整技术练习中对学生本身就已经具备了的自然走跑技术动作进行改进、提高，可以取得较好的教学效果。

如跑的技术完整教学法中先强调两臂的摆动技术要求，再分阶段逐步对腿的摆动、高抬下压、脚的扒地技术提出要求，最后要求头的姿态、上体躯干的控制等。这样可把完整教学法分阶段体现出来。

（三）系统教学法

系统教学法是把整个田径运动的教学看成是一个完整的系统。这种教学方法注重田径教学的整体最优化。在田径系统教学法中不仅把一个技术项目的每一次练习和每一堂课看作是整体系统中的一个子系统，考虑到每一次练习和每一堂课之间的内在联系，而且把各个项目也看作是整体系统中的一个个子系统，要求考虑到各项目之间的促进和影响作用，以此为依据来安排田径教学。

系统教学法常以教师的讲课和学生的练习来体现。系统教学方法有着其传统性，对知识的系统了解和学习有很大好处。但是，这种方法是建立在教师讲，学生接收的传统灌输性教学模式基础上，不利于充分发展学生创造性思维和积极主动地学习的能力。

（四）分解教学法

田径技术教学中，把完整技术动作合理地分成若干部分，先进行各部分动作的教学再逐渐将各部分动作连贯在一起，最后掌握完整技术动作的教学方法称为分解教学法。

这种教学法可以根据技术的复杂程度，将技术分解成若干环节，使复杂动作简单化，易于学生学习和掌握。同时可以使学生在学习复杂技术动作时，有自信心并勇敢地去完成一个个技术环节，最终掌握完整技术动作。

比如，直接让学生去掷标枪，学生会不知所措，而将完整掷标枪技术分解成握枪和持枪、助跑、最后用力和维持身体平衡等技术环节进行教学，让学生一个一个环节去练习，学生很快就会基本掌握掷标枪的技术。

对一些技术的关键环节或对技术的某一部分需要突出重点进行强化，也可以采用分解教学法。如跑步技术教学中虽然采用的是完整教学法，但是为了强调大腿的高抬技术，可以单独将高抬腿这一技术作为一个重要技术环节，进行原地支撑高抬腿、原地高抬腿膝触手等分解练习强化这一重点技术。

使用完整教学法时，要注意由慢到快，由重点到一般，由少到多，由易到难的步骤使学生逐步提高。如跑的技术教学，跑的速度开始要慢，在一般的速度中体会摆臂抬腿的技术动作，然后逐渐提高跑速，在快速跑中掌握合理的技术。

在使用完整教学法时，要适当采用分解教学法，以突出技术的重点方面和改进某一技术环节。如在短跑教学时，虽然使用的是完整技术教学，但在改进技术时，可以只做原地摆臂动作或者原地支撑送髋抬腿动作，此时，可用分解教学法来加强一个技术环节的练习。

使用分解教学法将复杂技术分解时，要注意完整技术的主要特点，各技术环节的分解要合理，特别要重视各分解技术环节之间的衔接。这对提高教学效果有很大的帮助。

采用完整教学法对比较简单、容易掌握的技术动作效果较好，但是对直接学习复杂的技术动作不利。而分解教学法则对学习较为复杂的技术动作有利，但是使用不当时，会造成技术的脱节现象，做出一些多余的动作。因此，在教学中应该合理地使用这些教学方法，注意它们的利与弊，才能够使教学取得较好的效果。

目前，在教学改革中，对过去传统教学中一些认为复杂的，一直采用先分解后完整的田径项目技术教学也尝试着直接运用完整技术教学法。如对跨栏、背越式跳高等技术实践中都有人尝试采用完整教学法，以使学生能够一直在整体技术概念中学习完整技术。

（五）程序教学法

在教学改革中，人们尝试着运用各种教学方法来改进田径技术的教学。程序教学法便是其中的方法之一。

程序教学法是将技术教学过程按设计好的步骤来执行教学的一种程序方法。在程序设计好以后，便在教学中按照程序进行教学。如遇某一步程序任务没有完成，则通过反馈退到前一步程序中重新执行或采用其他方法进行补救，否则便不能进人下一个教学程序中。这种教学对学生了解整个技术的教学步骤，理解完整技术，提高自我控制能力均有一定的好处。

这种教学模式运用了控制论的理论与方法，可以控制技术教学的整个过程，把所学习的技术内容分成一个个环节，一步步呈现给学生，以保证学生能够掌握较为复杂的技术。教学中教师要求学生对每一步教学都要做出积极的应答，教师观察学生练习时的动作表现以及提问对技术知识理解的情况，应给予及时的确认。确认为正确的直接进入下一步学习，错误的则返回重新学习。

这种教学方法在实践中的优点如下。

（1）能够根据学生不同的学习能力，采取不同的学习进度，有利于针对性地安排学习内容。

（2）能够把理论认识、回答问题、技术练习有机地结合在一起，对培养和提高学生的能力有很大的帮助。

（3）对身体素质较差、学习技术较慢的学生能够加强基本技术的反复练习，使他们打好基础，有一定的学习后劲，以便在学习后期追上其他同学。

但是，程序教学法也有一些不足之处，如不能给学生留有发挥和创造的余地，必须一步一步走；教学时学生层次拉开较多时，给教学的组织带来一些困难等。因此，目前在田径各项目教学中正在逐步探索程序教学法的灵活应用，以逐步提高和掌握这种方法。

田径教学中的各种教学方法都有其优点和不足，教师运用时必须注意到它们的特点，以便合理地运用各种教学方法。

在长期教学实践中，一直存在着以下两种不同的教学观。

一种是强调以教师和教材为中心的教师教授、学生学习的教学过程。这种教学突出系统知识的介绍和学习，讲究知识的完整性，要求学生以全盘接受知识为主。重视在校期间以接收学习为主，学好了以后再去实践中锻炼和提高。

另一种是突出教学中应以学生和提出问题为中心，强调教学过程是学生自身的活动，应鼓励学生积极主动地发现问题，提出问题。重视学生在学习过程中的自身主导作用，强调一边学习，一边开发创造性思维，同时一边实践锻炼。要求学习应以提高能力为主。

无论采用哪种教学方法，前提条件都需要教师首先具备较高的业务素质和思想素质水平，对教学安排、教学方法和对课程的控制能力能够达到运用自如。否则，再好的教学方法和教学观都难以很好地实施。实践中我们常常可以看到，那些优秀教师不论运用哪种教学方法和教学观，他们都可以做到用一种，借鉴两三种，在一种教学方法中巧妙地融进各种方法之长，达到灵活运用，因此都能够取得较好的教学效果。

这就是因为他们具有较高的业务和思想素质水平，能够根据实际情况灵活地运用各种教学方法，所以使教学取得最佳的效果。

四、田径运动技术教学中伤害事故的发生和预防

田径运动是以速度、高度和远度为衡量水平高低的标准。在教学过程中有时也要求表现出最大力量、速度、高度和远度，并且，随着学生学习的深入、技术的掌握和运动成绩的不断提高，在练习中积极高涨，竞赛有时也作为教法出现，因此在教学中就应特别注意伤害事故的发生。

（一）产生伤害事故的原因

1. 教学组织和方法不当

教学组织上的不严密性以及在教学过程中选用错误的手段和方法等都会对学生造成一定的伤害，同时还有一种现象就是，教师对学生的接受能力和承受能力都有所高估，加快了教学的进度或训练的负荷，对学生造成了伤害。

2. 互相误伤

通常是因为学生的上课过程中注意力不集中，在老师授课的过程中个别学生没有按照教学的规定和要求的顺序进行练习，对于安全性的要求降低，在课堂上不遵守纪律，乱跑碰撞了他人或被他人碰撞导致伤害。

3. 自我伤害

自我伤害造成的原因一般是准备活动做的不充分造成的，对技术动作的过程和概念不清，做一些理所不能及的动作或者错误的用力动作，或者练习用的器材使用不当，在练习的过程中注意力不集中，不遵守课堂纪律和安全规定等，进而产生的一些摔倒、拉伤等事故。

（二）伤害事故的预防

（1）技术教学是在教师的主持下进行的，伤害事故的发生与教师是否能预防伤害事故有着直接的关系。因此教师在备课时应把预防伤害事故作为重要内容之一，应该考虑到哪些方面、哪些情况、做哪些练习容易出现伤害事故，要有针对性的预防措施。

（2）在学习阶段的教学过程中，专门准备活动和教材主要内容要有机地结合起来，要时刻注意学生对技术概念和动作的理解状况，适当控制练习的强度，严格要求学生按照正确的技术动作要领进行练习。

在进行分组练习的时候，每个学生之间要有足够的时间间隔和距离，并且严格要求学生按照统一的口令进行，这个要求在投掷项目中更应该严格遵守。

（3）在掌握阶段和提高阶段的教学中，由于学生已能较熟练地掌握和运用技术，练习的积极性较高，强度也逐渐增大，运动成绩提高较快，但自我控制能力较差，有时容易产生伤害事故。在这两个阶段，教师应根据具体情况对场地、运动方向、练习方法和应注意的事项做出严格的规定。

（4）要按照田径运动技术教学的安全常规进行适当的练习。对于径赛项目来说，在跑道上进行技术教学的时候，一定要按照逆时针的方向进行跑，并且命令学生不准在跑道上逗留和穿行；对于跳跃项目来说，助跑区一定要保证平整，不准任何人横穿助跑道，沙坑中的沙子一定要细，不能有石块和杂物等，沙坑的对面不能站人，跳高架放置要平稳，安排好左右脚起跳者的练习顺序，海绵包要有足够的弹性、厚度和面积。撑竿跳高起跳点要有人保护和接杆；对于投掷项目来说，投掷的器械（铅球、铁饼、链球等）应该放在一个集中的地方，不能让学生随意拿器械做投掷练习，在进行投掷练习的时候应让学生有足够的间隔时间，并且要求按照统一的口令捡回投掷物，如果有条件应在护笼内进行投掷练习。

器械出手的一侧不准站人，不准任何人在投掷场内任意穿行。投掷项目的练习中，如果发生伤害事故，都是比较严重的，因此安全常规要确保执行。

第四节　田径课程的考核与评价

一、田径课程学生成绩考核与评价的基本要求

（一）相对评价与绝对评价相继合

相对评价是根据个人在学习过程中进步的程度来决定的，绝对

评价指的就是在评价中不考虑个体性的差异，一般都会采用统一评价的标准来进行评价，目前来讲，在我们国家的各级和各类学校中，对于学生体育成绩的评价一般都采用的是绝对评价的方法，通俗来讲就是按照学生最后的体育成绩直接来进行评定的。

由于每个学生的自身身体素质不同，起点存在很大程度的差异，这样就会造成身体条件差的人不论怎样勤学苦练，也得不到高分，相反来说，体育基础相对较好的学生并不需要努力却轻而易举地得到高分。

这种评价的方法是非常方便的，但是这并不能够从根本上反映学生学习成就上的变化以及教学效果的好坏，这在一定程度上能够影响学生学习的积极性。

在最近这几年中，各国体育课程的学习评价中，一般会将两种评价方式相互结合起来，特别是对体能以及运动技能的评价，但是更多地运用相对评价方法，但是特别重视对学生“努力程度，进步程度”的评价。比如日本对学生体育学习成绩的评定充分考虑到学生学习态度和行为的进步，提出了依据每个学生的实际进步情况进行考评的思想；美国的最佳体能教育计划更是特别强调个体评价的意义，它指出学生应该依据个人的进步得到评价，并不是通过相互比较或者统一的标准来衡量。

由此可见，相对评价在一定程度上有助于学生通过自身的努力所取得的进步，并得到强化和肯定，从而最大限度地激起学生进一步学习的愿望。当然，在我们一方面肯定相对评价方法的同时也不能完全否定绝对评价的作用，在今后的教学过程中应该有效地将这两种评价方法结合起来，从而对学生进行全面客观地评价。

（二）学生评价与教师评价相结合

我们知道，教学过程是一个教师与学生互动的过程，在整个教学系统中会起到一个主导性的作用，在整个教学过程中学生是教学的主体。在对学生进行成绩评价的时候，如果只是由老师进行单独评价，那么避免不了会有一定的片面性，一旦对学生的评价不够客观的时候，在一定程度上会打击学生学习的积极性，长此以往学生便会产生一种厌倦体育课的情绪，很显然这不利于学生养成一个终身锻炼的习惯。

所以，我们在进行田径运动的教学时，从课程设计开始一直到对于学生的成绩评价，始终都要把学生放在一个相对重要的位置，充分重视学生的身心感受。

在整个教学过程中一定要注意发挥教师的主导作用，教师应该特别强调一下学生学习的主体地位，充分发挥好学生的主观能动性，利用评价的手段，在适当的时间和地点对学生进行良好的教育和引导，让学生形成一种正确的自我认识和评价的观念，通过自身和他人对自己的客观评价，勇于发现自身的缺点，进而为改进自身的不足提供良好的依据。

当然，我们这里强调的是除教师之外的评价，但是并没有否认教师评价的重要性，一个正确客观的评价应该是学生的自我评价、教师评价、同学评价相互结合的结果。

（三）主观性评价与客观性评价相结合

在进行田径课程的成绩考核当中，最终的比赛成绩、身体素质以及可以具体测量的指标是比较容易量化的，对于这种比较容易量化的指标我们很容易就能直观地进行评价，但是对于一些学生的心理素质、思想道德、意志品质等却是非常难以把握的，对于这方面的评价我们一般会采用比较主观的评价方法，在进行主观性的评价过程中，由于每个主观评价人的学识、角度不同，评价的侧重点也会有所偏差，对于这种偏差是难以避免的，最终也会导致评价结果受到一定的影响。

所以，在我们对学生的精神品质、兴趣、态度进行评价的时候，应该将定性或者定量相互结合起来，主观与客观也相互结合起来，最直接和最有效的方法就是将这种评价进行合理的量化。

比如我们要对学生的学习态度进行测定，我们除了采用一些可以量化的指标之外，还可以对学生在课堂中的具体表现（参加练习的次数、举手发言的次数）进行一定的统计和记录，用这种可以直接量化的数字对学生进行评价。

总的来说，一切主观性的评价我们都可以转化为可定量的评价，一次为主观性的评价提供良好的数字依据。

（四）形成性评价与终结性评价相结合

终结性的评价在我国的田径运动课程中是最普遍的一种成绩评价方式，由于这种“一锤定音”的评价方式一般是在学期结束或者阶段性的学习过程中进行的，所以在很大程度上失去了评价的反馈功能，对于及时有效地传达学生的学习进度和方法以及激励学生的学习兴趣并不能起到特别重要的作用。

在进行终结性评价的时候，更多的是对学生的一种甄别，目的就是通过主观和客观的评价对学生的成绩进行优、良、中、差的具体评定。这种评价的方法一般会导致考试成绩较好的同学产生骄傲的心理，学习成绩较差的产生畏惧考试的心理，最终失去学习的信心。

目前来讲，世界上有很多发达地区的国家已经在体育课程中采用了一种形成性的评价方式，形成性评价重点考察的地方就是学习的整个过程，通过这种评价的方式和工具，经常对学生的学习态度以及学习能力进行阶段性的评价，并且将这种评价的结果及时反馈给学生，让学生在今后的学习过程中能够及时改进和强化。

尽管这种评价方式和工具相对简便易行但是对于性形成来说会比较麻烦，不容易操作，但形成性评价的方法更加有助于学生进行有效的学习和评价，所以，在今后的教学过程中我们可以将形成性评价与终结性评价两者结合起来，让学生在今后的学习过程中能够得到及时的强化和改进。

二、田径课程学生成绩考核与评价内容、方法

（一）田径运动基本知识的考核与评定

对于田径基本知识的考核我们一般可以采用笔试和面试两种方式来进行，在具体的操作形式上我们可采用闭卷和开卷考试两种方法相结合的形式，在进行开卷考试的时候可以采用专题作业、调查报告、课中完成等形式来完成；在闭卷考试的过程中，我们可以采用传统的考试方法，由电脑自动从题库中选题。

田径试题库的编制应该根据教学的目标和要求，来进一步确定学生应该掌握的知识，然后制定出相对严密的编制计划，并且按照计划来进行编制，以便保证题目对知识和能力测试的有效性和客观性。全部的题目一定要经过实践和检验，只有符合要求的题目才可以进入到题库当中去。

（二）田径运动成绩的考核与评定

对于达标成绩的评定，我们应该根据学生之间的个体差异、努力程度以及进步的步幅来制定，可以按照绝对成绩和相对成绩相结合的方式来进行客观有效的评价。在教学活动接受的时候，达标成绩应该根据“绝对评价标准”来进行制定，而学生的进步成绩则应该根据“相对评价标准”来进行具体的评分。

（三）田径运动技术的考核与评定

1. 预测成绩与实测成绩比较法

我们可以把预测的成绩和实测成绩进行差值比较，在一定程度上能够反映运动技术的优劣，所谓的预测成绩指的就是某个个体在既定的身体形态和身体素质下，某一项目经过一定的学习之后所希望达到的运动成绩。实测成绩则指的是某一项的教学结束时所达到的实际成绩，这种技术的评价方法可以按照下面的程序来一次进行。

（1）随机抽取一定数量的测试对象作为样本，然后测试每一个体与该项目有密切关系，并且相互之间具有一定独立性的身体形态、身体素质指标。

（2）运用逐步回归分析法，建立一个运动成绩预测数学模型（方程中的指标数不宜太多，2 ~ 3 项指标比较适宜）。

（3）当确认预测方程具有使用价值时，只要将描述学生各种运动潜力的指标测量值代入方程，便可推算出在现有运动潜力基础上，期望能达到的运动成绩。

2. 专家评价法

专家评价法指的是一些经验相对丰富的专家根据自身的经验对学生的技术动作进行定量的评价。这是在田径运动教学中比较常用的一种评价方式，这种评价方式的优点就是操作比较简便，但是由于专家评价的方法依靠的是专家的主观经验，在一定程度上难免会有片面性。

所以，在采用专家评价法时所得到的评价结果，很大程度上取决于专家的知识、能力、经验、水平等。为了进一步提高评价结果的准确性和可靠性，所挑选的专家一定要具有比较高深的专业知识和独到的见解。

专家评价结果的准确性和质量，与参与评价的专家数量有很大的关系，当参加的专家人数比较少时，每位专家所起到的作用就会很大，对评价的结果所产生的影响也就会越大，这样一来，在一定程度上会无形中夸大某个专家的作用，但是当参加的专家人数比较多时，又不便操作。

在进行田径教学的技术评价时，一般需要三名专家来进行评价时比较合适的，最终分数的确定我们可以采用三位专家评分的平均数，也可以采用去掉最高分和最低分，用中间的分数作为最后得分。

3. 运动生物力学技术分析法

运动生物力学的技术分析法指的是运用各种仪器和设备对运动技术的生物力学特征进行测量，然后再结合运动解剖学的特点，运用生物力学的原理对测量的结果进行再次的分析和评价，其中技术动作的生物力学指标，有效地包括了整个动作或各个动作阶段的时间、速度和加速度，完成动作时所需要发挥的力量，身体姿势和身体各个环节的位置。

（四）田径运动教学能力的评定

1. 田径教学设计能力

（1）编写教案能力。

（2）对田径教学理论研究能力。

（3）了解学生情况能力。

（4）确定田径教学行为目标能力。

（5）制定田径教学文件能力。

（6）运用教材教法能力。

2. 田径教学实施能力

（1）思想道德教育能力。

（2）安排教学步骤能力。

（3）课堂组织能力。

（4）讲解能力。

（5）示范能力。

（6）纠正错误动作能力。

（7）教学应变能力。

（8）组织比赛与裁判能力。

（9）布置场地器材能力。

（10）运用现代化教学手段能力。

3. 田径教学评价能力

（1）技术动作分析与评价能力。

（2）教学效果评定能力。

（3）学生成绩评定能力。

能够反映田径教学能力的观测点相对较多，操作起来也会比较烦琐，所以，在实践中对于教学能力的评价可以从下面几个要素来进行：教案的编写能力，讲解和示范能力，课堂的组织能力，教学方法和手段的运动能力以及技术动作与教学效果的评价能力。

（五）学习态度与情意表现的评定

作为学习态度和情意表现的评定，我们从教育测量学的角度出发，指的就是根据一定的标准对教育过程中所产生的思想、学业和个性等方面进行全面评价的过程。就目前来讲，一些发达国家在各门课程的评价中会越来越重视学生的学习态度和情意表现，因为学习态度和情意的表现在一定程度上能够反映出学生的品德和潜力。

第五章　田径运动项目实践分析

本章主要介绍田径项目中的跳（跳远、三级跳远）、投（推铅球、掷铁饼）、跑（短跑、中长跑）运动项目，让大家了解各类运动项目的发展概况、趋势，训练步骤、方法、手段以及在日常的训练和实际运用过程所应注意的问题。

第一节　跳远项目实践分析

一、跳远项目的发展状况

跳远是田径运动中最古老的一个项目。公元前 708 年第 18 届古希腊奥运会就设有跳远项目的比赛。不过据说当时的跳法是运动员两手均持重物起跳。现在的跳法是 19 世纪中叶以后在英国的大学田径比赛中出现的，并于 1886 年起开始使用起跳板。

第一个有记载的跳远成绩是 1864 年英国人创造的 5.80m。1899 年爱尔兰人把成绩提高到 7.49m。现在的世界男子纪录是美国人鲍威尔在 1991 年创造的 8.95m。

1936 年，德国选手舒尔莎以 6.12m 的成绩首次突破 6m 大关，现在的世界纪录是 1988 年苏联运动员契碧斯科娃创造的 7.52m。

我国男女跳远全国纪录分别为黄庚 1995 年创造的 8.38m 和姚伟

丽在1993年创造的7.01m。

根据世界纪录演变的情况，有专家预测不远的将来，女子跳远成绩上限值将达到7.66m，男子达到9.23m。在近百年的历史进程中，跳远运动大致经历了萌芽阶段（1860—1900年）、研究探索阶段（1900—1935年）、发展提高阶段（1935—1970年）、成熟完善阶段（1970年至今）。

跳远姿势曾出现过蹲踞式、挺身式、走步式、前空翻式4种空中姿势（前空翻式跳远曾因危险性太大被国际田联取消），其中3步半的走步式是当前跳远竞技场上最流行的姿势。

二、跳远项目的技术教学

跳远运动在田径运动项目中是一个比较复杂的项目，跳远项目不仅需要学生具有正确的跑的技术以及快速助跑的能力，同时还需要学生在高速运动的情况下具有准确的爆发力与准确的踏板能力。

基于这种情况，在我们正确认识跳远技术特点的基础上，与之对应的教学思想是特别重要的。

（一）跳远技术教学的整体观念

跳远技术是由助跑、准备起跳、起跳、腾空和落地5个部分组成的，这是传统分解教学法的一种划分方法。

但是从实际情况来看，跳远技术是一个不可分割的整体，在每个技术环节之间是一种相互依存的关系，当你完成了前一个环节之后也就相当于你完成了后一个环节的准备工作，后一个环节在一定意义上来讲是前一个环节的不断延续。

所以，在整个教学过程中我们始终都要树立一种整体的教学观念，在选择教学手段的同时，一定要考虑到各个技术关节之间的衔接以及技术的完整性，最终使分解的技术为整体技术的完成奠定良好的基础，同时还需要注意的就是，在整个教学的过程中始终要保持教授动作的准确性和时效性。

（二）以速度为中心完善和改进跳远技术的原则

现代跳远起跳前的助跑速度已经达到 11m / s，增大助跑和起跳速度是跳远技术的发展方向。

所以，在教学的过程中，我们一定要注意强调“以速度为中心”的教学原则，比如在进行速度起跳技术的教学过程中，我们一定会要使学生在练习的初始阶段就形成正确的动作和相应的技术风格，在快速运动的状态下逐步完善和掌握比较完整的技术，为今后的进一步发展和进步提供良好的技术基础。

（三）抓好助跑与起跳相结合的关键技术环节

在整个教学过程中怎样准确把握好教学的重点，采用有效的教学手段和方法是保证跳远教学质量的重要前提，在构成跳远技术的各个环节中，最重要的就是快速助跑和快速起跑相互结合的技术。

所以，在了解到它的重要性之后，我们一定要把学习和掌握助跑与起跳相互结合的技术作为教学的起点和重点。在教学的过程中不仅要注重跳远技术的规范性和示范性，同时在一定程度上还要加强跳远技术的竞技性和时效性。

（四）跳远教学中要处理好心理与技术和素质与技术两个关系

1. 处理好心理教学与技术教学的关系

在整个的教学过程中实际上就是向学生不断进行良好心理教育的过程，现在有些教师在对学生进行授课的过程中仅仅注重的是技术方面的教授，但是对于心理的影响却很小，一个没有丝毫进取心和责任感以及心理状态及其不稳定的人是不可能在事业上有所成就的。

所以，这就要求教师在整个教学过程中适时地安排一些有计划、有针对性的心理教育内容，充分启迪学生对技术要精益求精、对事业要执着追求、培养学生的自信心和自我调控的能力。

另外，要培养学生形成正确的助跑心理定向和跳跃心理定向。跳跃运动中的心理定向是影响跳跃运动技术和运动成绩不容忽视的一个问题。如何尽快形成正确的跳跃心理定向是当前跳跃教学中面临的新研究课题。

2. 处理好身体素质发展与技术教学的关系

在进行跳远的教学过程中，为了能够使学生快速准确地掌握跳远技术，一定要注意发展与跳远技术密切相关的专项素质，跑是跳的基础，跳是跑的发展。跑不好就跳不好。

基于此，在教学中首先要掌握好正确的平跑技术，重点发展跑的基础能力，并且在这个基础上再次改进与提高跳远的助跑技术，发展与起跳能力相互适应的最高助跑速度，最后，在发展快速起跳能力的同时，充分掌握好起跳的技术。专项能力的发展一定要密切结合专项特点与技术的要求，最终达到的就是两者相互促进、共同提高。

三、跳远项目的技术训练

（一）助跑技术训练

1. 助跑技术训练的主要方法

（1）在不同质量的跑道上，进行长于全程距离的助跑（多跑 2 ~ 4 步），利用助跑标志，稳定最后 6 ~ 8 步的步长。

（2）固定起动方式，使助跑开始段的步长和加速过程定型，保证最初几步助跑步长的稳定。

（3）进行变换节奏的加速跑和跑的练习，以培养对跑速和动作的控制能力。

（4）8 ~ 10 步助跑后，按步长标志进行加大步长和缩短步长的助跑练习，培养调整步长和步频的能力。

2. 注意事项

（1）助跑技术训练要在精力充沛的情况下进行。

（2）选择助跑距离，必须与运动员的速度能力相符合。

（3）无论何种助跑节奏，起跳前都应达到本人的最高助跑速度。

（4）要教会运动员掌握在高速助跑中的放松技术，这是有效完成起跳的重要条件。

（二）起跳技术训练

1. 起跳技术训练的主要方法

（1）快跑中的起跳脚放置或摆动腿摆腿练习。

（2）快跑中起跳脚的放置与摆动腿摆动相结合的练习。

（3）连续 3 ~ 5 步助跑起跳成腾空步练习。

（4）短、中程距离助跑起跳成腾空步的练习。

（5）全程助跑起跳练习。

（6）采用俯角跳板短程助跑起跳练习。

（7）在下坡跑道上的短程助跑起跳练习。

（8）下坡跑道助跑 10 ~ 12 步转入水平跑道起跳的练习。

2. 注意事项

（1）在进行起跳技术练习时，要强调助跑和起跳速度。

（2）起跳技术训练必须与快速助跑相结合。基本掌握短、中程距离助跑起跳技术后，要及时转入全程助跑起跳的技术训练。

（三）腾空与落地技术训练

腾空与落地技术训练的目的是维持腾空后的平衡，最大限度地利用起跳所形成的抛物线轨迹，争取尽可能大的跳跃远度，避免受伤。

1. 掌握、提高腾空落地技术的主要练习方法

（1）利用吊环、单杠等辅助器械，模仿和改进落地动作。

（2）短、中程距离的完整跳远练习中，改进空中和落地动作。

2. 注意事项

（1）改进空中落地动作，以完整跳跃的方法为主，模仿、分解练习为辅。

（2）注意体会和把握落地伸腿过程中上体前倾的最佳时机。

（四）跳远技术与跳远心理定向

众所周知，跳远踏板的准确定在一定程度上能够决定比赛的成败，所以在一定程度上会导致比赛过程中出现相对复杂的心理活动，这同时也是约束和影响跳远运动员发挥正常水平的重要因素，在无形中会影响到运动员的成绩提高。

跳远心理定向对掌握正确的跳远技术有很大的促进作用。例如，在进行助跑和起跳相结合的技术训练时，只单方面进行技术训练，效果往往较差。但是，如果与心理训练结合起来，就能收到好的效果。

运动实践表明：用跑过起跳板的心理定向去完成起跳，最后几步助跑速度发挥好，没有明显的起跳准备动作；用强有力的起跳和向高跳的心理定向去完成起跳，则起跳前有明显的准备起跳动作，

助跑速度下降，起跳的制动性增大。

所以，运动员的跳跃心理定向不同，即使采用相同的训练手段和方法，也会产生两种不同的效果。

四、跳远项目的赛前训练与比赛

（一）赛前训练的内容、手段、负荷量和负荷强度

1. 训练内容逐渐减少

技术、速度、专项弹跳及力量训练的内容等，速度耐力、一般跳跃训练，一般力量训练及一般身体训练的内容大量减少或取消。

2. 安排与专项关系最密切的手段

速度训练主要以 60m 以内的全速跑为主，技术训练主要为全程或中程以上助跑的完整技术和练习，并且要增加全程助跑结合起跳的练习。

弹跳训练则主要保留短距离的各种跳跃练习以及短助跑的级跳练习；力量训练以爆发性的快速练习手段为主。

3. 训练的负荷呈逐渐下降的趋势

负荷量的下降主要表现在训练内容手段的减少，训练课时间的缩短以及每一手段练习重复次数的减少和中间休息加长等。减到一定程度后要保持一定的训练量，采取一天略大、一天略小或一天略大、两天略小的安排方法，使运动员在训练后可以及时地恢复过来，但又保持对机体的一定刺激，这样有利于运动员保持旺盛的体力和良好的竞技状态。

4. 训练负荷下降，强度提高

不能在一次训练课中各种手段训练强度都大，须有计划地使各

种手段的强度分别提高，否则易引起伤害事故。在赛前的专门准备期中，不能使训练强度总保持在高水平上。

因为这样做的结果可能会造成运动员在比赛时兴奋性下降，竞技状态降低。在赛前最后一周的训练中，训练强度应保持在中或中上水平，使运动员在进行高强度训练之后有一个恢复期，从而在比赛时达到一个新的高峰。

（二）跳远临场比赛的准备活动与参加比赛

1. 做好赛前准备

（1）开好准备会

教练员要简单扼要地、客观地分析比赛形势，了解其他对手赛前的训练水平、技术特点、战术运用、性格特征等情况，针对其优势和不足，制定出经过努力可以达到的目标。同时，对少年运动员要多鼓励，并帮助他们做好赛前的其他准备工作。

（2）做好物质准备

了解比赛的条件（比赛的时间、地点、报名标准、场地条件、气候、参加人数等）。头两天应准备好比赛服装、钉鞋、号码布、秩序册。

（3）做好准备活动

准备活动一般可分为两个阶段来做。点名前的准备活动（属一般性活动），以热身和活动各肌群关节为目的。适当地做一些专门练习，比赛开始试跳之前还要做一些加速跑及短程起跳练习（专项准备活动）。准备活动要根据天气和自身情况确定活动负荷。

2. 参加比赛

（1）检查比赛用品。

（2）提前 70min 到达比赛场地，安置好休息场所。

（3）提前 30 ~ 40min 做准备活动。

（4）点名后带好比赛用品随队入场。

（5）换好钉鞋、量步点，直至感觉良好为止。

（6）确定比赛时间和检录地点。

（7）试跳时，裁判员点名，举手签到，站在起动标志前，深呼吸、集中注意力。

（8）教练员应对运动员每次试，跳时的助跑节奏和准确性及时给予反馈，以便调整。同时还要根据风向和风力变化，适当调整助跑距离。

在整个比赛中，要注意保暖，出汗不宜太多，另外，要尽可能避免接触主要对手，也不要注意其他运动员的试跳，而要集中注意自己的身体状态和心理状态，力图在比赛中达到完全“绝缘”，处于心理上的真空状态。因此，在比赛中适当听听音乐，看看小说都是好方法，也可静止休息进行自我暗示。

五、跳远项目的实训计划

（一）专项身体训练周

1. 星期一

（1）准备活动。

（2）跨栏练习 3 ~ 8 个栏，练习 4 ~ 6 次。

（3）肩负同伴做弓箭步走，跑的练习 40 ~ 50 米，做 6 ~ 10 次。

（4）抓举，从 50 公斤至极限，做 10 ~ 15 次。

（5）深蹲，从 80 公斤至极限，做 10 ~ 15 次。

（6）助跑 3 ~ 5 步起跳练习，20 ~ 30 米，做 2 ~ 4 次。

（7）肩负同伴做单足蹲，两腿各跳 10 次。

（8）加速跑 150 米，做 3 ~ 5 次。

2. 星期二

（1）准备活动。

（2）加速跑 100 米，做 4 ~ 6 次。

（3）8 步助跑跳远，做 4 ~ 6 次。

（4）10 ~ 14 步助跑跳远，做 6 ~ 9 次。

（5）全程助跑起跳练习，做 4 ~ 6 次。

（6）助跑 10 ~ 12 步，用左、右腿起跳跳远，3 ~ 5 次。

（7）用摆动腿开始跑的助跑 8 步起跳 6 次和助跑 6 步三级跳远 4 ~ 6 次。

（8）加速跑 100 米 ×2 次，150 米 ×2 次。

（9）发展腹背肌练习 3 ~ 5 组；慢跑 10 ~ 15 分钟。

3. 星期三

（1）准备活动。

（2）抓举和提拉杠铃练习，总量 1500 ~ 2000 公斤。

（3）负重下蹲：体重的 120 ~ 140% × 12 ~ 20 次。

（4）负重半蹲：80 公斤 ×10 次，100 公斤 ×10 次；120 公斤 ×10 次；130 公斤 ×5 次 ×2 ~ 4 组，140 公斤 ×5 次 ×2 ~ 4 组，60 ~ 80 公斤 ×10 次 ×4 组。间歇在肋木上悬垂 10 秒或 6 步助跑的 10 级跳。

（5）10 级跨步跳 2 ~ 4 次；10 级单足跳左右腿各 5 次。

（6）10 级单足跳，左右腿备 5 次；加速跑 200 米 ×2 ~ 4 次，150 米 ×2 ~ 4 次。

4. 星期四

（1）球类活动60分钟。

（2）越野跑30分钟。

（3）柔韧性练习，放松练习，自我按摩。

5. 星期五

（1）准备活动。

（2）30米起跑6～8次。

（3）助跑节奏练习4～6次。

（4）助跑10步跳远3～5次；助跑12～14步跳远4～6次；全程助跑跳远3～5次；助跑10步、12步、14步跳远，两腿分别跳2～4次。

6. 星期六

（1）准备活动。

（2）肩负同伴，两腿各跳10～12次×2～4组的跳跃练习。

（3）起跑练习4～8次。

（4）加速跑100米×4～8次。

（5）助跑2～3步，8～10个起跳×4组；跨步跳，10级×2组；助跑4～5步10级跳单足跳×3组。

（6）前后抛实心球和铅球练习各20次。

7. 星期天

休息。

（二）技术训练周

1. 星期一

（1）准备活动。

（2）加速跑 100 米 ×2 组。

（3）在跑道上做助跑节奏练习，30 米 ×（6 ~ 8）组。

（4）助跑 6 ~ 8 步跳远 ×（3 ~ 5）次；助跑 10 ~ 14 步跳远，6 ~ 8 组；助跑 12 ~ 16 步跳远 4 ~ 6 组；从摆动腿开始跑 8 ~ 10 步跳远 5 ~ 7 次。

（5）前后抛掷铅球 10 分钟。

（6）慢跑 10 分钟。

2. 星期二

（1）准备活动。

（2）在跑道上练习助跑节奏 8 ~ 10 次。

（3）在助跑道上跑步点 8 ~ 12 次，其中 4 ~ 6 次做起跳练习；助跑 5 步做起跳练习 5 次 ×4 ~ 6 组；助跑 6 步的 5 级跨步跳 ×4 ~ 6 组；助跑 6 步 5 级单足跳 ×4 ~ 6 组。

（4）发展腹肌练习 3 组。

（5）加速跑，150 米 ×2 ~ 4 组（计时）。

3. 星期三

同星期一训练内容。

4. 星期四

（1）越野跑 20 ~ 30 分钟。

（2）自我调整。

5. 星期五

同星期一的训练内容。

6. 星期六

同星期二的训练内容。

7. 礼拜天

休息或比赛。

第二节　三级跳远项目实践分析

一、三级跳远项目的发展状况

历史上，三级跳远是由“多级跳”演变而来。早在 1465 年瑞士苏黎世举行的射击游艺会上，已有三级跳远比赛的记载。

最初的三级跳远不拘形式，可以自由选择跳法。在爱尔兰曾流行过“跳步式”（单足跳 + 单足跳 + 跳跃），在德国也流行过“跨步式”（跨步跳 + 跨步跳 + 跳跃）。现在的跳法形式（单足跳 + 跨步跳 + 跳跃）是 19 世纪末在英国发展起来的。

在 1896 年的第一届现代奥运会上，三级跳远就被列为正式比赛项目。当时由于技术低下，动作简单，过分强调第一跳和第三跳远度，最高成绩仅为 13.71m。由于在训练和比赛中经常发生伤害事故，三级跳远曾被视为“危险的项目”而几乎被取消。

自 1911 年国际田径联合会发布第一个世界纪录以来，男子三级跳远的纪录从 15.52m 提高到 18.29m，提高值为 2.77m，提高幅度为 17.85%。

三级跳远是一个对身体素质要求较高，技术复杂，身体素质与技术高度统一的项目。自该项目出现以来，其发展经历了自由式跳法、高跳型跳法、平跳型跳法、速度型跳法 4 种类型。

自由式跳法主要表现为运动员在跳法上的随意性，技术上没有形成固定的模式，20 世纪 40 年代的运动员都是如此。那时人们对技术和训练的方法很少进行研究，也很少有人接受正规系统的训练，技术上任其自由发展，运动员在比赛中所采用的技术也是五花八门，没有形成固定的体系。

平跳型跳法出现在 20 世纪 60 年代，以世界上第一个突破 17m 大关的波兰运动员施密特为典型代表。他采用这种技术打破了当时的世界纪录，成绩为 17.03m，三跳的比例为 35.20%、29.50%、35.30%。平跳型技术的第一跳抛物线轨迹低而平，第一跳和第三跳的比例相差不大，注重向前摆腿强调每一跳。过程中发挥和保持水平速度。

正是由于这些大量地采用完整技术和长距离助跑技术的练习，才有可能使得运动员建立起比较完整的技术概念，并不是一味地将注意力过多地集中在第一跳上面，我们需要做的就是更好地去保持和利用一定的水平速度，最终形成一种快速而更趋于向水平方向跳跃的技术。

速度型跳法的典型代表是英国的优秀运动员爱德华兹，他在 1995 年第 5 届世界田径锦标、赛上，以 18.29m 的优异成绩创造了新的世界纪录，三跳比例为 3.4%、29.96%、36.04%，为三级跳远运动项目的发展树起了新的里程碑，引领了由“平跳型”向“速度型”方向发展的趋势。

速度型的技术追根到底是从平跳型的基础上发展起来的，在一定程度上来讲不仅继承了平跳型的技术优点，而且从一定意义上来讲更是强调了继续发挥和保持水平的速度。

和平跳性的技术相比较的话，速度型的技术会有更加突出的特点，那就是在进行第三跳的时候，远度明显增加很多，因为速度型讲究的就是一个“快”字，也就是在助跑的阶段要加快速度，在第三跳的时候加快速度。在训练中需要强调的是力量的练习和跳跃练习中的快速用力，与此同时均衡发展两腿的跳跃能力，特别是发展弱腿的跳跃能力。

在技术训练中一般以全程助跑完整技术练习为主，更加注重发挥和利用水平速度，尽量减少水平速度的损失。三级跳远技术的未来趋势正朝着速度型技术方向发展。1990 年，4 国际业余田径联合会讨论通过，女子三级跳远被列为正式比赛项目。

二、三级跳远项目的技术教学

（一）三级跳远教材分析

1. 助跑与起跳结合是三级跳远技术的关键

助跑与起跳结合既是三级跳远技术的关键，同时也是三级跳远技术的难点。

尽管三级跳远的成绩与运动员起跳腿在 3 次跳跃过程中的支撑能力有密切关系，但完善合理的技术更为重要。助跑与起跳结合的好坏程度，关系到能否在保持已获得的水平速度前提下，完成正确的起跳技术动作。运动员要掌握好这一技术难点就必须注意两点：

一是要发展腿部力量，提高起跳腿的支撑能力（由退让转为克制）；

二是要采用助跑与起跳技术结合的一些专门练习，按照技术要求，经常反复地进行练习，逐渐加大练习的强度和难度，掌握比较稳定、完善的技术。

2. 根据运动员个体特点选择合理的三跳比例

需要充分发挥速度的优势以及运动员自身的特点，选择能够有利于自身特点发挥的三跳比例是取得好成绩的关键。在进行训练的时候，一定要让运动员全面客观地对待每一次的训练，片面地去套用某一种比例或者是跳法是绝对不可取的，这在一定程度上会限制运动员自身特点的发挥，同时也会组织运动成绩的提高。教练员应该根据自己的助跑速度以及跳跃的速度等情况，制定出能够符合个体特点的合理三跳比例。

最大限度地去减少水平速度的损失，并且要尽可能低将水平速度保持到第三跳当中去，这也是衡量运动员能否掌握现代三级跳技术的重要标志。在运动员的专项素质不断发展过程中，第三条的比例应该逐渐加大，因为在整个田径运动项目中，这种技术方法已经得到了很多人的认可。

3. 维持三跳中的身体平衡

三级跳远就是经过 3 次着地之后马上连接起跳的动作，并且起跳的同时会伴随着很高的水平速度。从力学的角度来讲，起跳的动作过程是由于上升力和水平力两者共同的作用下形成的，所以在两种力的作用下，人体在腾空的过程中一定会产生一定的旋转。

为此，运动员必须及时完成骨盆前移，腰背保持适度紧张，摆动腿高抬并积极前摆，两大腿间形成较大的夹角，进行合理的补偿，以克服身体在腾空时的前旋，维持三跳中的身体平衡。除此之外，还必须加强协调性和感觉器官的调节及合理控制动作的能力。

4. 掌握完善的第一二跳着地技术

在第一二跳着地瞬间，运动员不仅要承受比起跳时更大的冲击力，而且还要在被动缓冲（拉长收缩）后迅速地完成蹬伸动作，这不仅要求运动员具备良好的专项力量素质，更需要他们具有合理、完善的着地技术，为下一跳作好用力准备，减少制动冲击力，以有利于充分利用水平速度。

这一技术的规范是，以髋关节发力，大腿以髋关节为轴积极伸髋下压，小腿前伸，微屈脚尖，主动伸展骨宽、膝关节向后下方积极扒地，由脚跟到脚前掌迅速依次滚动着地。同时还应注意脚着地时在摆动腿的积极配合下送髋，两臂协同作积极有力的摆动，以配合维持身体在空中的平衡。

为了使运动员掌握合理的技术，必须提高他们的专项素质，特别是提高专项跳跃能力，并将其贯穿于训练的各个阶段之中。

（二）三级跳远的技术特征分析

整个助跑快速轻松，与平跑技术十分接近，并且非常重视速度的利用率（即助跑速度与平跑速度之比 $KV = V_1/V_2$。V_1 是最后两步助跑速度，$V2$ 是平跑时最快速度。高水平运动员 KV 值接近于1）。过去一贯强调的“扒地”或“刨地”技术动作将不再成为技术教学和训练的重点，而将注意力主要集中在以下几点：

（1）快速用力，即“助跑快”在完成正确技术动作前提下的“三跳节奏快”和完整技术各环节的快速自然衔接。

（2）单足跳和跨步跳时的着地动作更加自然，接近走和跑的着地动作。

（3）着地点应恰到好处，以最大限度地减少水平速度的损失，并且使身体重心正好处在支撑腿上，支撑和用力蹬伸程度加大，使得着地动作更加集中有力。

（4）摆臂方式将采用单（第一跳）、单（第二跳）、双（第三跳）摆动，既不影响跑速和动作的协调，又能更加积极地利用摆动腿和两臂的有力摆动作用来提高每一跳的起跳效果。

（5）加强弱腿的跳远技术。世界优秀三级跳远运动员的实践表明，能力系数（K_n）是能否取得优异成绩的一个重要因素（$K_n = L_m / L_t$，式中 Lm 是摆动腿的跳远距离，Lt 是起跳腿的跳远距离 > 高水平运动员 K_n 值约为 16m 左右）。在第三跳中弱腿应采用挺身或走步式动作，充分发挥弱腿跳远能力，以获得最大的远度。

（6）根据运动员的自身特点确定三跳长度的比例关系和最佳节奏。

运动生物力学的研究表明，三级跳远的跳跃远度主要取决于各跳中的腾起初速度和腾起角。腾起初速度与飞行距离成正比。

在腾起角一定时，初速度越大，飞行距离就越远。腾起初速度是由水平分速度和垂直分速度的大小所决定的，而水平分速度则是来源于助跑速度和各跳中水平速度的损失程度，它直接影响着各跳的距离。优秀运动员的实践表明，助跑速度和速度的利用率已成为三级跳远科学训练研究的中心问题。

在三级跳远中，腾起角也是影响各跳距离的一个重要因素。腾起角的大小是由水平分速度和垂直分速度的对比关系决定的。若为了追求垂直分速度的加大而致使水平分速度的严重损耗，反而会导致成绩下降。

因此，在腾起角度达到一定数值时，应努力提高水平速度才提高运动成绩。运动生物力学原理和三级跳远运动员的实践证明，三跳的腾起角分别应为：第一跳（单足跳）14° ～ 18° ，第二跳（跨步跳）13° ～ 15° ，第三跳（跳跃）16° ～ 20° 。应当注意，不同的运动员各跳的腾起角会因身体条件、素质水平和技术水平的不同而发生相应的变化。

取得三级跳远优异成绩的关键在于合理地寻找到各运动员腾起初速度和腾起角的最佳配合。

三级跳远成绩是三跳距离的总和，各跳的距离对成绩都有着直接的影响，它们之间是相互影响又相互制约的。如果无限度地加大第一跳，势必过多地损失水平速度，丧失后两跳的连续性和“进攻性”。

但如果第二跳只当作一个“过渡步”所占比例很小，那么势必将影响第三跳的距离和三级跳远的总成绩。第 3 跳是最后一跳，可以充分发挥腿部力量以求达到最大垂直速度来弥补水平速度的不足，使第三跳距离加大。但如果运动员水平速度下降过多，而弱腿（摆动腿）力量又较差，那么将会影响第三跳的距离。

在运动实践中，从运动员的三跳比例对比中可以看出，第二跳距离的百分比比较接近，而第一跳和第三跳所占的百分比差别较大。第一跳所占的百分比大，第三跳就小，反之，第三跳所占百分比大，第一跳就小。所以，在设计三级跳远的三跳比例时，必须根据个人特点和训练水平建立合理的三跳距离的比例，这也是提高成绩的重要途径。

（三）三级跳远的教学程序与方法

1. 使学生了解三级跳远的一般知识

通过教师的讲解，使学生了解三级跳远的一般知识，提出学习三级跳远技术的要求，激发学生学习的积极性和主动性。

2. 学习和初步掌握三级跳远技术

（1）结合示范（或通过图片及多媒体教学手段）讲解三级跳远技术，使学生建立正确的技术概念，了解三级跳远技术的要求、方法和要领。

（2）立定三级跳远练习

①两脚平行开立，间隔约 10 ~ 20cm，两腿弯曲，两臂伸直于体后（或两腿由直到屈，两臂由体前摆到体后，即做一次预摆）。然后两脚用力蹬伸，两臂迅速前摆，起跳后完成第一跳、第二跳和第三跳动作，这种开始姿势的第一跳，没有摆动腿的摆动动作。

②起跳腿在前弯曲立于地面，摆动腿弯曲悬于体后（不着地），上体稍前倾，两臂直伸于体后。然后起跳腿用力蹬地，摆动腿和两臂配合起跳腿的蹬地动作迅速前摆，起跳后完成第一跳、第二跳和第三跳动作。通过上述练习，使学生体会和掌握三级跳远的动作结构。

（3）上 1 ~ 3 步的三级跳远练习。

（4）助跑 4 ~ 8 步的三级跳远练习。

做练习 4 时，应先丈量助跑步点。通过这一练习，使学生初步掌握三级跳远技术。

3. 改进和完善三级跳远技术

改进和完善三级跳远技术，应根据学生的情况重点抓住以下三个环节，采用相应的手段进行练习。

（1）助跑与第一跳起跳相结合和第一跳技术。

（2）第一跳与第二跳相结合和第二跳技术。

（3）第二跳与第三跳相结合和第三跳技术。

可以采用分解练习法，也可以采用设障碍物或画标记点的方法，并与完整练习法紧密结合起来，达到改进和完善三级跳远技术的目的。但不可机械地让运动员片面地去套用某一种比例、模仿某一种跳法。

4. 巩固和提高三级跳远技术

（1）丈量全程助跑 + 步点，进行全程助跑的三级跳远，全面巩固和提高技术。

（2）根据学生的不同情况，采用相应手段巩固和提高各技术环节的技术。

（3）进行三级跳远的技术评定。

（4）组织三级跳远的教学比赛。

三、三级跳远项目的技术训练

（一）三级跳远技术训练内容与主要手段

（1）以提高助跑速度和速度利用率为目的的各种跑跳练习。

（2）全程助跑接起跳练习，强调体会大幅度、有弹性、动作放松的助跑技术，并体会最后几步节奏。

（3）短中程助跑接起跳练，主要抓助跑和起跳的连贯衔接技术占。

（4）一定距离的快速助跑接起跳的助跑计时练习，可变换距离（短程、中程、全程）助跑计时，用于检测运动员的训练强度和一定距离内的速度变化情况。

（5）在助跑道上放置后 6 步标记，进行全程助跑练习。

（6）在助跑道上放置后 6 步标记，进行全程助跑接第一跳练习。

（7）下坡助跑起跳练习，加快最后几步的助跑和起跳速度。

（二）训练提示

1. 第一二跳技术练习

（1）短、中程助跑做第一跳技术练习（可在草地、松软泥土地上做，亦可以沙坑作为第一跳着地点）。

（2）短程助跑做连续单脚跳（5 ~ 7 级）练习，力求以大幅度、放松的动作完成摆动腿的积极主动着地动作。

（3）短程助跑做第一跳、第二跳入坑练习。

（4）中程助跑做第一跳、第二跳入坑练习（也可在第二跳入坑时越过 30 ~ 40cm 左右高度的橡皮筋）。

（5）短程助跑单脚跳、跨步跳的各种组合练习。

① 2 次单脚跳 +2 次跨步跳的连续动作练习。

② 1 次单脚跳 +2 次跨步跳的连续动作练习。

③ 1 次单脚跳 +1 次跨步跳的连续动作练习。

④ 1 次单脚跳 +2 次跨步跳 +2 次单脚跳 +2 次跨步跳的连续动作练习。

教练员应创造性地根据运动员的实际进行创编和采取组合练习手段。

（6）全程助跑单足跳 + 跨步跳练习，画出标志，强调第二跳的节奏。

训练提示：第一跳技术在完整的技术中起承前启后的作用，在技术训练时最好把助跑和第二跳技术连接起来进行练习，这样可更接近专项技术的要求，动作不会脱节，训练效果更好。

第一跳完成起跳后，应注意换腿的时间（腾空步 1 / 3 距离后开始）适当、连贯。第一跳主动着地，依次主动地伸髋、伸膝关节，并以全脚掌。“鞭打式”做有力的“扒地”动作。同时注意摆动腿的快速“跟摆”动作。全程助跑接第一二跳练习应有计划地贯穿于训练的各个阶段。

2. 第三跳技术练习及完整技术练习

（1）摆动腿连续单脚跳练习（3 ~ 5 级）

（2）原地多级跨步跳接跳跃步入坑练习。

（3）短程助跑跨步跳 + 跳跃步入坑（也可在跳跃步时跳过 30 ~ 40cm 左右的橡皮筋）练习。

（4）短中程助跑完整三级跳远技术练习。

（5）全程助跑完整三级跳远技术练习。

做短中程及全程助跑技术练习时应注意三跳动作的连贯协调技术，亦可以运用标志物来进行三跳节奏的训练，形成符合运动员个体特点的合理三跳比例。

（三）三级跳远技术和素质训练中应注意的几个问题

（1）树立以速度为核心的训练指导思想，将助跑速度、跳跃速度的训练贯穿于训练全过程。

（2）为提高训练效果，三级跳远技术训练应在体力充沛、精神集中的情况下进行。

（3）三级跳远技术训练的设计，应从运动员的身体素质实际情况出发，当运动员的身体状态不好或者身体素质水平较低的情况下，我们不应该对这一类人提出过高的要求，一切要从实际情况出发，否则，很有可能会导致受伤。反过来说，对于一些身体素质较好或运动训练水平较高的人，应该适当提高技术的要求，否则不能达到提高技术水平的目的。

（4）三级跳远运动员从初级阶段开始就要抓好以下环节：

①掌握全脚掌有力的“扒地”式着地技术。

②提高全面身体素质。

③掌握合理的三跳节奏。

（5）三级跳远运动员到较高水平时，仍应保持全面身体训练，其比例约占总训练量的30%左右。

（6）高度重视运动员背侧肌群力量的发展。

（7）三级跳远专项训练应与技术训练紧密结合，避免技术环节间的脱节。

（8）要不断提高三级跳远技术训练的难度，抓住技术重点，改进技术动作弱点，并确定个人特长。

（9）切实安排好三级跳远技术训练的安全措施；包括准备活动是否充分、场地是否平整、体力是否充沛等，特别是容易受伤的踝、脚跟脂肪垫、膝关节等部位更应引起重视，避免受伤。

（10）要提高三级跳远运动员的心理素质，把心理训练贯穿在技术训练之中，增强运动员在比赛中的心理调节能力。

四、三级跳远项目的赛前训练与比赛

（一）大型比赛前训练阶段及时间的确定

大型比赛前训练阶段及时间的确定一般是以人体机能的发展规律为依据的。表现为运动员经过一个阶段的训练后（获得性阶段）开始逐渐形成竞技状态（展现阶段），然后是竞技状态维持（保持阶段），最后是此种水平的下降阶段。

赛前训练的、主要目的是力求使最佳竞技状态的形成时间与大型比赛日期相吻合，以使创造优异运动成绩的可能性增大。

赛前训练大约安排 10 ~ 12 周，一般分为两个中周期。第一中周期为强化训练中周期，时间大约为 6 ~ 8 周。第二中期为提高竞技状态阶段，时间为赛前 4 周左右。

（二）赛前训练的主要任务

第一阶段的任务是进一步提高以负荷量为主的训练负荷，为形成较高水平的竞技状态打下基础。第二阶段的任务是提高竞技能力，在最佳竞技状态下参加比赛。

（三）大赛前的训练内容、手段及负荷安排特征

第一阶段主要是发展运动员的专项素质和专项能力，熟练专项技术，控制负荷强度，着重加大负荷量。第二阶段主要通过适当调整后，疲劳的机体得到恢复，在生理上、心理上做好充分的准备，以展现最佳竞技水平。

在此期间，特别是在比赛前的两周之内，在进行训练的时候一定要重点加大专项的训练内容，所采用的练习手段和方法也更加接近专项的运动形式，练习的组织形式也应该更加注重贴近专项比赛的特点。

在进行素质训练的时候，练习的量要适当减少一些，专项练习的比例重点提升。在进行技术训练的时候，分解技术动作的练习要减少，完整技术的练习要加强，并且尽自身最大努力保持运动成绩的稳定性，这时可安排一些模拟比赛。若所参加的大赛须首先进行及格赛，第二天再进行决赛时，可连续安排两次技术训练，以适应比赛的需要。

此期间，负荷的一般特点是提高练习强度，相对减少负荷量。值得注意的是，对强度的增加也要有所控制，以保持神经系统的适

宜兴奋性。同时也要避免负荷强度与量的同步增加，否则，可能会导致运动创伤或使已获得的竞技状态受到破坏。

（四）大赛前调整的时间确定方法

调整时间的确定应因时、因人、因比赛的重要程度而异，亦受赛前训练阶段的负荷大小、训练时间长短及运动员本体的感受等因素的影响。调整时间一般在赛前10天左右。如调整得过早，负荷下降过大，容易过早出现兴奋状态。

而运动员过早地进入比赛状态会大大地影响已获得的竞技状态，导致训练适应效应水平下降；若调整得过迟，则机体的训练适应尚未形成，训练的效果不能充分地表现出来。

为达到预期的效果，可通过多到比赛环境进行心理方面的适应性动员，提高神经细胞的兴奋性。因为运动员技能的发挥是受神经冲动引起肌肉活动的结果，神经细胞兴奋程度的高低直接制约着竞技状态水平的高低，而运动生理学研究表明，神经细胞的高度兴奋只能保持10天左右。

所以，大赛前10天左右要控制强度，有意识地去进行观察、分析和测试，有针对性地采取适宜措施去保护已经获得的“渴望比赛”和“对比赛充满信心”的高涨情绪状态，以便在大赛中发挥出最佳成绩。

第三节　推铅球项目实践分析

一、推铅球项目的发展状况

推铅球运动是以力量为基础，以速度为核心的速度力量型项目，是投掷者站在投掷圈后沿,单手持球置于肩上锁骨窝处,经过助跑(滑步、旋转等形式),尽可能多地动员全身的力量,以尽可能快的动作速度,将器械尽可能掷远的投掷项目。

早在1340年以前,在苏格兰和爱尔兰的民间游戏中,就有了当今推铅球运动的雏形。到了1340年,欧洲有了炮兵,士兵们为了作战时能快速装填炮弹,用同炮弹一样重的石头(16磅)做比赛性的游戏。后来改为铅制、铁制、铁内灌铅的各种器材。1978年,国际业余田径联合会决定把成年男子铅球重量定为7.26kg。

推铅球比赛场地最初是在一条直线后面进行,后来为了限制运动员的活动范围;规定在一个方形场地进行比赛(每边长7ft,折合2.135m),而后又改为在直径为2.135m的圆圈内进行比赛,推铅球扇形有效落地区的角度由最初的900逐步减小为60°、45°、40°,现在定为34.92°。

男子推铅球始于1896年第一届现代奥运会,美国运动员加利特以11.22m的成绩创造了有记载以来的第一个男子推铅球世界纪录。女子推铅球始于1948年第十四届奥运会,德国运动员奥斯德·迈耶尔以13.75m的成绩创造了有记载以来的第一个女子推铅球世界纪录。

目前,男子推铅球的世界纪录是由美国运动员巴恩斯创造的,成绩是23.12m,女子推铅球的世界纪录是苏联运动员利索夫斯卡娅创造的,成绩是22.63m。

推铅球这项运动从有历史记载到现在已有近660年左右的发展历史了,其技术的发展也经历了许多变化。到目前为止,基本上表现出了3种技术类型:第一种是以美国运动员奥布莱恩为代表的背向滑步推铅球技术；第二种是以苏联运动员巴雷什尼科夫为代表的旋转推铅球技术；第三种是以德国运动员蒂默曼和拜尔等为代表的背向滑步“短一长步”推铅球技术。

推铅球运动到了1908年才真正出现现代技术雏形。当时，美国运动员罗斯第一个以侧向滑步推铅球技术创造了15.14m的世界纪录。在此之前推铅球姿势五花八门，技术无从谈起。

美国运动员福克斯于1940年第一个采用半背向滑步推铅球技术，创造了17.95m的世界纪录。之后近10年铅球成绩没有突破性提高,美国运动员奥布莱恩第一个采用背向滑步推铅球技术，创造了18.04m的世界纪录。奥布莱恩堪称现代推铅球技术的奠基人。

他本人统治推铅球运动达7年之久，到1959年他把世界纪录提高到了19.30m。美国运动员隆哥与马特森在随后的比赛中采用奥布莱恩技术，先后突破了20与21m大关。

他们的最好成绩分别达到了20.68m与21.78m。美国运动员费尔巴赫第一个采用背向滑步加大转体的推铅球技术，又把世界纪录提高到了21.82m之后，美国职业运动员奥特菲尔特于阳年第一个采用旋转推铅球技术把铅球推出了22.86m，（当时的国际业余田径联合会未承认这一纪录），采用旋转推铅球技术第一个被承认的世界纪录是苏联运动员巴穹什尼科夫创造的，成绩为22m。1990年美国选手巴恩斯创造的23.12m男子世界纪录保持至今。

综观铅球运动发展史，20世纪70年代之前，推铅球技术基本上是单极化发展，新技术一经出现，其他运动员纷纷仿效。70年代之后，推铅球技术出现三极发展趋向，新技术的出现并未导致运动员们的盲目仿效，运动员们都在努力找出符合自身特点的推铅球技术。

世界推铅球技术的发展史基本上是以男子推铅球为导向的。在女子推铅球运动的发展中，苏联运动员起了巨大的推动作用。代表人物当属20世纪50年代的济宾娜（最好成绩17.50m）、60年代的普雷斯（最好成绩18.14m）70年代的奇卓娃（最好成绩21m）、1987年莉索弗斯卡娅创造的22.63m女子世界纪录至今尚无人打破。

推铅球运动是我国引进较早的田径运动项目之一。1932年，我国开始使用与世界上统一重量的铅球。男子推铅球第一个全国纪录是辽宁选手刘仁秀创造的，成绩是12.24m。现在的，男子铅球全国纪录是2005年由山西选手张奇在十运会铅球决赛中，打破了由马永峰保持了15年之久的全国纪录，成绩是20.15m。

女子铅球第一个全国纪录（使用标准重量）是山东选手王灿华创造的，成绩是10.97m。现在的女子铅球全国纪录保持者是河北运动员李梅素，成绩是21.76m，我国推铅球运动的荣耀基本上归于女子运动员。黄志红、隋新梅曾是世界田径锦标赛与田径世界杯冠军得主。

李梅素是20世纪80年代中后期中国女子铅球走向世界的代表人物，她在5年之内连续14次改写全国纪录与亚洲纪录。中国女子铅球运动员群体在20世纪80年代末与90年代初共同创造了当时我国女子铅球运动的辉煌。

二、推铅球项目的技术分析

为了便于分析技术和教学，一个完整的推铅球技术可分为如下7个部分：握持铅球，滑步前的预备姿势，预摆与准备滑步，滑步，过渡，最后用力和球出手后的维持身体平衡。

（一）背向滑步推铅球技术（以右手推球为例）

1. 握持铅球

（1）握球方法

五指分开，把铅球放在靠近食指、中指和无名指的指根上，拇指和小指扶在球体两侧，手腕背屈。手指和手腕力量较强者，可将铅球适当地移向手指的第二指节上良，手指和手腕力量弱者，铅球可放在更靠近指根处。

（2）持球方法

握持好铅球后广将铅球放在肩上锁骨窝处，贴紧颈部分、食指、中指和无名指处在球体的后面，拇指处在锁骨窝的上面与球体的下面，小指处在球体的前上方，掌心向前，右臂屈肘，大臂与躯干夹角约为60° 左右。

2. 滑步前的预备姿势

滑步前的预备姿势分为高姿势和低姿势两种。

（1）高姿势

持好球后，背对投掷方向，站在投掷圈内靠近后沿处，两脚前后站立，右脚指向投掷相反方向并靠近投掷圈后部的内沿，左脚位于右脚后约 20 ~ 30cm 处，用前脚掌或脚尖着地，体重放在自然伸直的右腿上，左臂位于体前平举或上举，持球臂的肘略低于肩，目视投掷相反方向。

（2）低姿势

持好球后，背对投掷方向，站在投掷圈内靠近后沿处，两脚前后站立，右脚尖指向投掷相反方向并靠近投掷圈后部的内沿。左脚位于右脚后 50 ~ 60cm 处，以前脚掌或脚尖着地。两腿弯曲（弯曲程度根据个人情况而定），体重基本上落在右腿上，上体前俯，左臂自然下垂，目视前下方。

3. 预摆与准备滑步

运动员做好预备姿势后，眼看前下方，肩部稍右转，上体前俯，使躯干接近水平位置。左腿向后上方抬起，右腿微屈，使体重均匀地分布在整个右脚掌上（图 5-3-1 ①）。

运动员完成预摆动作并维持好身体平衡后，紧接着低头、扣左肩、含胸收腹、前俯上体，右腿屈膝下蹲，左腿左膝回收至靠近右腿处（图 5-3-1 ②、③）。随着屈腿团身动作，准备向投掷方向平移臀部，完成准备滑步动作。

4. 滑步动作

在完成准备滑步动作后，当臀部向投掷方向开始平移、身体重心移离支撑点时，左腿向抵趾板方向有力摆伸；与此同时，左膝和左脚稍向外转动，右腿积极有力地向投掷方向蹬伸。躯干仍保持很好的前倾姿势，左臂向投掷方向的后下方伸出，低头，眼看投掷方向的后下方。

当右腿蹬直右脚跟或右脚掌即将离地时，两大腿的分腿角约为 125° 左右，躯干与大腿夹角约为 80° 左右（图 5-3-1 ④ ~ ⑦）。紧接着向投掷方向收拉右腿和右脚，以右脚掌着地于投掷圈中心附近，右脚尖方向与投掷方向约成 120° 角左右；右腿弯曲，右膝方向同右脚方向，体重落在弯曲的右腿上；左腿稍弯曲，左脚很低但尚未着地；左髋稍外转，腹部微收，肩部稍右转；稍低的头部仍然目视投掷的相反方向，完成滑步动作。

5. 过渡阶段动作

完成滑步动作后，从右脚着地至左脚着地为过渡阶段。右脚以前脚掌着地，右小腿、顺势内扣；左脚低而快地以前脚掌内侧贴紧抵趾板内下沿处压插着地；左脚尖与右脚跟在一条直线上，左膝微屈适度用力支撑。

投掷者仍微收腹，稍含胸，肩部开始右转；左臂前臂内旋，扣紧左肩。并稍向前运动，但仍指向投掷方向的后下方，两眼则仍目视投掷方向的后下方。此时，身体左侧肌群适度拉紧，肩、髋扭紧，右腿压紧，整个身体形成一个良好的“侧弓形”（图5-3-1⑧~⑩）。

6. 最后用力动作

完成过渡动作后、左脚着地即开始了最后用力动作。投掷者首先右腿用力蹬转，右脚随即前滑；左腿支撑住，加速髋部向前转送动作；上体仍保持左脚着地时的姿势，左臂前臂内旋经体前向前稍向上方运动；头部与躯干保持一致，目视投掷反方向稍右侧方向；随即继续蹬转右腿，髋部前转并牵拉肩部上起并稍前转名由于身体重心前移。

身体形成用力前蓄势待发的良好的“侧弓形”用力姿势：（图5-3-1⑨~⑩）接着右腿继续蹬转，微屈的左腿用力支撑，髋部转推到正对投掷方向，并继续牵拉肩部向前上方运动，继而也转至正对投掷方向。

此时，左肩仍稍高于向上运动的右肩，然后旋内向前运动的左臂，并稍向下运动，头稍后仰，目视投掷方向的前上方，这一瞬间身体形成一个“反弓形”姿势（图5-3-1⑩~⑮）。

紧接着两腿爆发式向上蹬伸、顶髋、拔腰、挺胸；左臂急剧下压，大臂贴紧躯干，固定左臂；同时迅速向前上方推伸右臂，头后仰，在球即将离手时，甩腕、拨指，使铅球沿着适宜的出手角度向投掷方向飞出。

球出手瞬间，两腿要充分蹬直到脚尖，右手指拨球后指向右外侧，完成最后用力动作（图 5–3–1 ⑯ ~ ⑰）。

7. 铅球出手后维持身体平衡动作

铅球离手后为了避免犯规，获得有效的运动成绩，投掷者左右腿应及时换步，并降低身体重心，维持身体平衡（图 5–3–1 ⑱）。在铅球落地和人体稳定后，运动员再从投掷圈的后半圈走出。

图 5–3–1　背向滑步推铅球技术

（二）旋转推铅球技术

1. 握持铅球

握持铅球同背向滑步推铅球的握持铅球动作。

2. 旋转前的预备姿势

握持好铅球后，运动员背对投掷方向，站在投掷圈内靠近后沿处，两脚左右开立约同肩宽。左脚可稍后撤，以前脚掌点地落在投掷圈中线的左侧，两腿微屈，上体适当前倾，体重落在双腿上或稍偏右腿上。

左肩稍内扣，左臂于体前向右下方伸出。稍低头，目视投掷方向的后下方，完成旋转前的准备姿势（图 5-3-2 ①）。

3. 预摆与准备旋转

完成旋转前的预备姿势后，左臂、左肩向后转动，上体稍前屈，髋部稍向右后转，两腿进一步弯曲，体重向右移靠近右腿，接着头稍低，目视投掷方向的后下方。

上体适度加大前屈，左臂内旋，投掷者开始向左转动。接着降低身体重心，向左后转坐臀部。左脚以前脚掌或脚跟为轴，压紧左膝、左腿开始外转。右脚则以前脚掌为轴，右膝、右脚向内转动。体重向后移靠近左腿，完成预摆与准备旋转动作（图 5-3-2 ②～④）。

4. 旋转动作

完成预摆与准备旋转动作后，当身体重心移到左腿上方时，右脚蹬离地面，压紧的左腿继续转动。当头部和左膝几乎转到面对投掷方向时，向投掷方向转摆右髋和弯曲的右腿，同时用力蹬伸左腿。

此时，上体仍保持适度前倾、屈髋的姿势，即将蹬离的左腿与前跨的右腿准备形成低腾空的跨跳旋转动作；腾空后，右腿主动内旋使右脚内扣，以前脚掌在圆心附近着地。

左腿屈膝向右腿靠近，仍屈髋，上体仍前倾，左肩仍内扣，投掷者低头目视投掷方向的右后下方，完成旋转动作（图 5-3-2⑤~⑩）。

5. 过渡阶段动作

右脚着地后，继续内转弯曲的右膝，靠近右腿的弯曲着的左腿快速转插，左脚低而快地在投掷圈直径的左侧以前脚掌内侧首先着地，与投掷方向约为 45° 角，左脚落在紧贴抵趾板内下沿处。左腿微屈，用力支撑，加快了髋部向前转动。

上体向投掷反方向稍含胸、收腹、倾斜并向左扭转。左臂在体前内旋，扣住左肩稍向前运动，并向投掷反方向的下方伸出。投掷者稍低头，目视投掷反方向的下方。此时，整个身体为形成后面的良好的“侧弓形”发力姿势打下了坚实的基础（图 5-3-2⑪~⑬）。

6. 最后用力阶段动作

最后用力阶段动作同背向滑步推铅球（图 5-3-2⑭~⑳）。

7. 铅球出手后的维持身体平衡动作

铅球出手后的维持身体平衡动作同背向滑步推铅球（图 5-3-2⑲~⑳）。

三、推铅球项目的技术教学

（一）建立完整的推铅球技术概念

（1）通过讲解、示范、看技术图片或技术电影等方式，使学生对推铅球的完整技术有初步的了解。

图 5-3-2　旋转推铅球技术

（2）简要介绍推铅球的场地、器材规格和竞赛规则。

（3）介绍推铅球教学中有关安全措施及具体要求。

（二）学习原地推铅球技术

结合示范、图片或多媒体等直观教具讲解推铅球的握持方法、原地推铅球的预备姿势和最后用力推球的技术动作，使学生建立正确的原地推铅球的技术概念，了解原地推铅球的技术要求、方法和要领，练习原地握球和持球的方法。

1. 体会推铅球的用力顺序及上肢、下肢的配合

（1）双手或单手原地正面向上、向前、向后抛或推实心球、轻

铅球（图 5-3-3）。两脚左右开立约与肩同宽，持球半蹲，然后两腿用力蹬起并伸展躯干，把头抬起，同时把球抛出。两脚蹬伸时脚跟离地，但不能跳起，两腿的蹬伸和两臂地伸直是同步的。

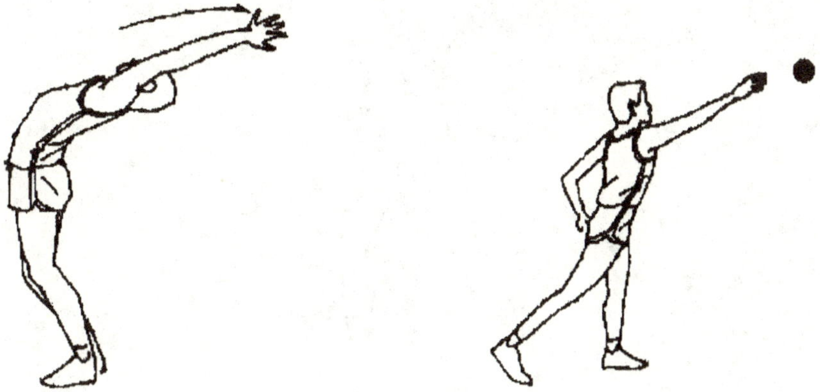

图 5-3-3　双手或单手原地正面向上、向前、向后抛铅球

（2）正面肩上推实心球或轻铅球（图 5-3-4）。两脚前后开立，持球后身体后仰重心落在弯曲的右腿上，然后用右腿积极向上蹬伸送髋，挺身推球。推球时，要把推球的肩臂充分伸出去。

2. 体会铅球出手瞬间的肌肉感觉

（1）对墙做推拨的模仿练习。

直体前倒屈肘撑臂，整个身体成一斜线，推墙压腕拨指成还原姿势（图 5-3-5）。

（2）拨实心球

屈膝蹬伸推拨，注意出手的速度和出手高度。

3. 体会最后用力的动作顺序和方法

体会最后用力动作顺序的五字诀："蹬、转、挺、推、拨"。原地徒手模仿练习（图 5-3-6）。注意蹬伸要送髋前移，使重心移

图 5-3-4　正面肩上推实心球

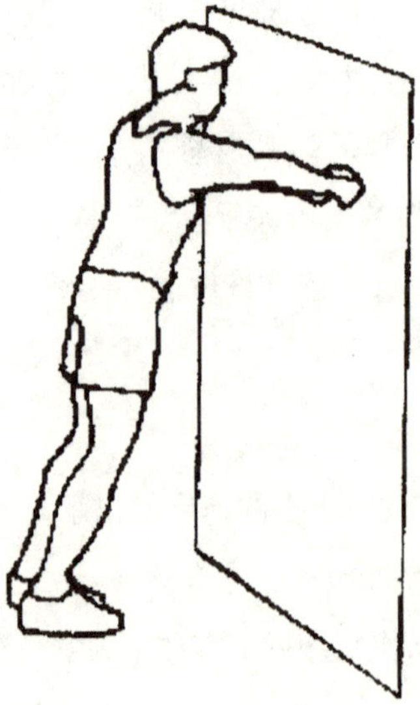

图 5-3-5　对墙做推拨的模仿练习

至两腿间。上体向投掷方向转动，抬头，挺胸，右肩向前上方冲出，右臂积极做推球动作，用甩腕和拨指的力量将球向 38° ~ 42° 角的方向推出。

4. 持球原地推球练习

（1）原地推球练习

预备姿势做好后，蹬伸右腿，送髋，左脚用力支撑，接着拔腰、挺胸，并伸直右臂完成推球动作（图 5-3-7）。

（2）原地侧向推铅球练习

要求用力距离要长，幅度要大。

图 5-3-6　原地徒手模仿练习

图 5-3-7 原地推球练习

（三）学习和初步掌握背向滑步推铅球技术

（1）结合示范（或通过图片等直观教具）讲解背向滑步推铅球的技术动作，使学生建立技术概念，了解背向滑步推铅球技术的要求、方法和动作要领。

（2）背向滑步预备姿势的练习。

（3）徒手或持球做背向滑步的模仿练习（滑步前先做 1 ～ 2 次预摆）。

（4）在投掷圈外和投掷圈内做背向滑步推铅球练习。

（四）改进和完善背向滑步推铅球技术

（1）背对投掷方向，做左腿不摆动的右腿蹬地滑步练习。主要强调右腿快速蹬伸在滑步过程中所起到的主导作用，此练习可以连续做。

（2）背对投掷方向，做左腿摆、右腿蹬的滑步练习。右腿蹬地方式同练习（1），加上左腿的摆动以增加滑步的动力。练习时，强调先摆后蹬，蹬摆结合。

（3）同上练习，加强右小腿快速收拉和左脚快速落地动作。此练习主要体会两腿动作的协调配合及动作速度。左腿摆幅可逐渐增大，在此基础上强调快速摆动和积极下落，右腿要低滑快落。

（4）背向滑步推铅球的模仿练习。

（5）在投掷圈外和投掷圈内做背向滑步推铅球练习。开始可采用较轻重量的铅球进行练习，强调动作的正确性，不要追求投掷远度，要着重改进滑步、滑步与最后用力地衔接和最后用力技术，在不断改进和完善技术的基础上，逐渐加快动作的速度与幅度。

（五）巩固和提高背向滑步推铅球技术

（1）在投掷圈内反复进行背向滑步推铅球练习。

（2）根据每个学生情况，分别采用相应的手段，巩固和提高各技术环节的技术。

（3）背向滑步推铅球的技术评定。

（4）组织背向滑步推铅球教学比赛。

（六）教法提示及注意事项

1. 培养完整技术过程加速用力的动作节奏

建立由慢到快、加速用力的动作节奏，整个技术动作加速特征明显，一气呵成。

2. 加强原地推铅球技术的教学

原地推铅球是最后用力技术的基础，通过各种方法、手段，反复练习，帮助学生体会正确的最后用力顺序和全身协调用力的配合。

3. 注重滑步与最后用力的连贯衔接

强调滑步结束时右腿的提拉内扣和左脚快速主动着地，以及身体左侧的有效制动支撑和良好的超越器械姿势。

4. 加强直观教学，启发学生思维

在教学的各个环节中，要根据具体情况选择一些诱导性的练习，启发学生的创造性思维，培养学生的分析、接受能力，使学生尽快掌握推球的技术。

在教学中，教师要注重直观教学，适当讲解技术分析和技术原理，以更好地完成推铅球技术教学的任务。

5. 重视安全教育

要有具体的安全措施，加强安全教育和组织纪律性，严密组织教学，一般不安排面对面的推铅球练习。

四、推铅球项目的技术训练

（一）发展绝对力量的方法

资料统计表明（表 5–3–1，表 5–3–2），优秀运动员肌肉所发挥出的绝对力量的水平高低对运动成绩的提高，起着非常重要的相关作用。

表 5–3–1　绝对力量与专项成绩的相应指标表（男子）

指标	不同年龄段绝对力量与专项成绩的关系					
	18 岁	19 岁	20 岁	21 岁	22 岁	23 岁
专项成绩（m）	14–16	15–17	16–17	17–19	18–20	19–21
卧推（kg）	110–130	120–140	130–150	140–160	150–180	165–200
下蹲（kg）	160–170	15–190	165–200	185–210	195–240	215–260
抓举（kg）	65–80	80–90	85–95	95–110	110–125	125–130
挺举（kg）	100–120	110–130	130–150	140–155	150–170	160–180

表 5-3-2 最大力量与专项成绩的相应指标表（女子）

指标	不同年龄段绝对力量与专项成绩的关系					
	18 岁	19 岁	20 岁	21 岁	22 岁	23 岁
专项成绩（m）	14–16	15–17	16–17	17–19	18–20	19–21
卧推（kg）	75–90	80–105	95–115	110–130	120–140	135–150
下蹲（kg）	100–120	110–135	120–150	140–170	150–185	170–200
抓举（kg）	50–65	60–80	75–90	85–100	90–105	95–110
挺举（kg）	75–95	84–105	90–110	100–120	115–130	125–140

可采用卧推杠铃、负重全蹲、抓举杠铃、高翻杠铃等手段，通过如下练习发展绝对力量：

（1）“克服——坚持——退让”组合训练法。实践证明，最佳效果组合的比例为：50%（克服）；25%（坚持）；25%（退让）。

（2）快、慢动作的组合训练法。慢动作的力量训练效果好，但将慢、快、慢动作组合起来训练，效果更好。

（3）不同强度（重量）交替训练法。用本人最佳成绩 80% 的重量与 40% 的重量交替训练，效果较佳。

（4）大力量训练与专门力量训练相结合，不仅能促进绝对力量水平的提高，也有利于迅速提高专门力量训练水平，还能消除或减轻神经、肌肉系统的疲劳程度。

（二）发展速度力量的方法

1. 发展腿部肌群力量的方法

（1）负重下蹲（半蹲）。

（2）负重蹲跳。

（3）腿推杠铃。

（4）负重提踵。

（5）多级跨步跳。

（6）立定跳远或立定三级跳远。

（7）双腿连续跳过若干个栏架。

2. 发展躯干肌群力量的方法

（1）仰卧起坐（负重或不负重）。

（2）俯卧背收（负重或不负重）。

（3）体侧屈（负重或不负重）。

（4）负杠铃转体。

（5）负杠铃体前屈。

（6）反复做体前屈双手握壶铃成直立。

（7）肋木悬垂举腿练习。

3. 发展肩带肌群力量的方法

（1）卧推杠铃（宽握、窄握）。

（2）颈后推杠铃（立姿、坐姿）。

（3）俯卧撑（或推起击掌）。

4. 发展手腕和手指肌肉力量的方法

（1）作屈拨球的练习。

（2）做单手抛接球练习。

（3）单手抓球练习。

（4）手指撑地的俯卧撑。

（三）发展动作速度的方法

（1）多级跨步跳。

（2）立定跳远或立定三级跳远。

（3）双腿跳过若干栏架。

（4）蹲踞式起跑。

（5）30m 加速跑。

（6）蛙跳。

（7）负轻杠铃快速转体。

（8）推或投小铁球。

（四）发展灵活性和柔韧性的方法

（1）转髋跑。

（2）行进间听信号急转身加速跑。

（3）垫上练习，仰卧转髋，仰卧听信号团身起立。

（4）立卧撑练习，直立—蹲撑～俯撑—蹲撑—主立，反复做。

（5）球类活功。

（6）各种压腿、踢腿。

（7）前后或左右大分腿下压。

（8）负重体侧屈，逐渐加大侧屈的程度。

（9）加大髋部转动幅度的练习。

（五）推铅球多年训练

国内外成功经验业已表明，从少年训练开始到进入世界优秀运动员行列至少需要 6 年的系统训练，第一个出成绩的高峰一般在 20 岁左右，第二个出成绩的高峰般多在 25 岁以后。多年训练一般可分为：

①基础训练阶段（13 ～ 15 岁）；

②初级专项训练阶段（16 ～ 17 岁）；

③专项提高训练阶段（18 ～ 20 岁）；

④高级训练阶段（21岁以上）。这是仅介绍专项提高阶段，其他3个阶段可据此类推。

1. 专项提高阶段的训练任务

（1）在全面发展各项身体素质的基础上，加强专项素质和专项能力的训练。

（2）巩固提高背向滑步推铅球或旋转推铅球的完整技术。

（3）进行比赛时的模拟心理训练。

（4）参加国内外各种比赛，积累和充实比赛经验。

（5）提高自我分析动作的能力，掌握基本的理论知识，做到理论和实践相结合。

2. 专项提高阶段的训练内容与方法

（1）巩固提高全面身体素质的训练水平，突出发展专项素质和专项能力。进行力量训练应以速度力量和绝对力量的练习相结合为宜。

（2）根据客观条件，从事球类、体操、游泳、爬山等运动项目。

（3）进一步完善完整技术，各环节衔接自然连贯，动作协调、稳定，体现出较强的动作节奏感。

（4）在训练和比赛中提高自我控制能力和抗干扰能力。

（5）能在比赛中发挥其正常水平，赛后总结经验并能提高认识。

五、推铅球项目的实训计划

（一）准备期周训练计划

1. 星期一

（1）卧推：60公斤 ×5次、70公斤 ×5次、80公斤 ×5次。

（2）体前快推：30公斤 ×8次 ×5组。

（3）下蹲：100公斤 ×5次、110公斤 ×5次、130公斤 ×5次。

（4）半蹲：130公斤 ×7次 ×5组。

（5）滑步推球：40次（5公斤20次、4公斤20次）。

（6）加速跑：60米 ×5次。

2. 星期二

（1）背向滑步推球：30次。

（2）高翻：60公斤 ×5次、70公斤 ×5次、80公斤 ×5次。

（3）肩负杠铃侧屈：20公斤 ×10次 ×5组。

（4）轻松跨步跳：80次。

3. 星期三

（1）卧推：85公斤 ×5次 ×5组。

（2）半蹲：100公斤 ×5次 ×5组。

（3）背向滑步推球：20次。

（4）加速跑：60米 ×5次。

4. 星期四

（1）滑步推铅球：30次。

（2）高翻：60公斤 ×5次、70公斤 ×5次、80公斤 ×5次、90公斤 ×5次。

（3）双手推壶铃：20公斤 ×10次 ×5组。

（4）肩负杠铃侧屈：20公斤 ×10次 ×5组。

（5）轻松跨步跳：100次。

5. 星期五

（1）卧推：70公斤 ×5次 ×5组。

（2）半蹲：100公斤 ×5次 ×5组。

（3）背向滑步推球：20 次。

（4）加速跑：60 米 ×5 次。

6. 星期六

（1）滑步推铅球：30 次。

（2）高翻：60 公斤 ×5 次 ×5 组。

（3）双手推壶铃：20 公斤 ×10 次 ×5 组。

（4）肩负杠铃侧屈：20 公斤 ×10 次 ×5 组。

（5）轻松跨步跳：100 次。

7. 星期天

休息

（二）比赛期周训练计划

1. 星期一

（1）滑步推铅球：20 次。

（2）肩负杠铃侧屈：50 公斤 ×10 次 ×5 组。

（3）肩负杠铃转体：40 公斤 ×10 次 ×5 组。

（4）肩负杠铃前后交换腿跳：40 公斤 ×10 次 ×5 组。

2. 星期二

（1）卧推：65 公斤 ×5 次、80 公斤 ×5 次、90 公斤 ×5 次 ×4 组。

（2）半蹲：120 公斤 ×5 次 ×5 组。

（3）滑步推铅球：20 次。

（4）加速跑：30 米 ×5 次。

3. 星期三

（1）滑步推铅球：20 次。

（2）肩负杠铃前屈：50公斤 ×10次 ×5组。

（3）负杠铃前后交换腿跳：40公斤 ×10次 ×5组。

4. 星期四

（1）卧推：80公斤 ×5次 ×5组。

（2）半蹲：100公斤 ×5次 ×5组。

（3）滑步推铅球：15次。

（4）加速跑：30米 ×5次。

5. 星期五

（1）滑步推铅球：15次。

（2）一般性体操和伸展性练习30分钟。

6. 星期六

比赛。

第四节　掷铁饼项目实践分析

一、掷铁饼项目的发展状况

（一）继承发展阶段

现代奥林匹克运动刚刚兴起时，由于受场地和器材条件的限制，掷铁饼技术很不规范，基本是沿袭古代的投掷方法，运动员的投掷动作方式主要是限制下肢运动的“古希腊式”和采用随意投掷的“自由式”。

1896年美国运动员列加特采用“自由式”投掷方法以29.15m的成绩取得第一届奥运会冠军后，人们意识到通过各种预备动作有助于将铁饼掷得更远。

进入20世纪后，原地掷铁饼技术逐渐淘汰，随之便出现了“侧向转身”的技术。这种技术是身体左侧朝着投掷的方向，以左脚为轴逐渐起转，始终保持着一种较高的身体姿势，在整个过程中双脚不会同时离地，铁饼在离开手掌时获得的力主要来源于投掷臂的力量。

20世纪30年代“侧向转身”技术演进为“跳跃旋转”技术，这种技术更有利于超越器械和加快旋转速度，已具有了某些现代投掷铁饼技术的雏形。

其代表人物是意大利运动员阿·康索里尼，他采用此种旋转技术3次打破世界纪录，并取得了1948年奥运会冠军，为旋转掷铁饼技术的发展做出了很大的贡献。

这一阶段技术发展的核心就是不断增大铁饼出手前的运行距离。在第九届奥运会上女子掷铁饼被正式列为比赛项目。

（二）逐步成熟阶段

进入20世纪50年代，掷铁饼技术又有了新的发展，出现了“起跑式旋转”技术。

这种技术是在旋转动作过程中上体迅速前倾，左脚迅速蹬离地面，从而获得更快的起转速度。其代表人物是美国运动员弋迪恩。他于1953年用这种技术创造了59.28m的世界纪录。

这一时期技术的发展主要是通过加快旋转角速度提高铁饼出手初速度来达到提高成绩的目的。

到了20世纪60年代，于1961年首次突破60m大关并创造了世界纪录。之后威尔金斯、施密特等运动员在西尔维斯特的技术基础上，不断改进和完善，逐步形成了宽站立、大幅度、低腾空、快速度的现代掷铁饼技术。与“低腾空旋转”技术同时出现的还有“连贯旋转”技术。

（三）稳定保持阶段

现代投掷铁饼的主要技术就是宽站立、大幅度以及低腾空的背向旋转技术，虽然也有一些个别的运动员在重新尝试全新形式的技术，但是最终都没有能够自己的技术能力和成绩，所以终归来说还是难以突破原有的技术形式。

最近几年以来，掷铁饼尽管在技术形式上并没有出现比较明显的改变，但是人们对合理技术的探索却一刻也没有停止。

随着社会的不断进步和发展，现代科技手段以及多领域的学科知识之间相互渗透和介入，在一定程度上推动了铁饼专项训练的科学化进程，很大程度地促进了铁饼专项技术理论的发展，为掷铁饼技术形式的不断演进奠定了良好的理论基础。

现在人们分析和看待专项技术问题会更加具有全面性和系统性，具体的表现就是人们越来越重视掷铁饼的整体透支效果和成绩，在保证最后用力技术质量的基础上，逐渐提高旋转技术的时效性和速度的利用率。

二、掷铁饼项目的技术分析

（一）握饼

五指自然分开，拇指和手掌平靠铁饼，其余四指末节扣住铁饼的边缘，手腕微屈，铁饼上缘靠于前臂，铁饼的重心垂线在食指和中指之间。铁饼握好后，持饼臂自然放松下垂于体侧（图 5-4-1）。

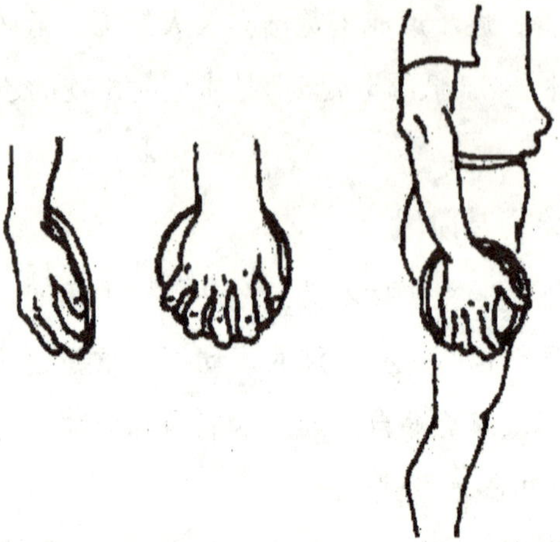

图 5-4-1　手握饼的方法

（二）预备姿势和预摆

1. 预备姿势

背对投掷方向，两脚左右分开比肩略宽，平行站立于投掷圈中线的两侧，两膝微屈，身体重心落于两脚之间，身体放松，眼睛平视。

2. 预摆

旋转前预摆 1 ~ 2 次，预摆的任务是为顺利完成旋转动作创造有利条件，使投掷者获得最有利的工作状态。常用的预摆方法有两种：

（1）左上右后摆饼法（图 5-4-2）

预备姿势站好后，持饼臂在体侧前轻微摆动，当铁饼摆到体后时，右腿蹬地用躯干带动持饼臂向左上方摆起，体重移向左腿，身体稍左转，为防止铁饼脱手左手可在下面将铁饼托住。回摆时，躯干带动持饼臂把铁饼摆到身体右后方最大限度的部位，身体向右扭转，随着摆饼动作体重又移到右腿上，上体稍前倾，两腿微屈，左臂自然屈于胸前，眼平视。此种方法较为简单易学，多使用于初学者。

图 5-4-2　预摆

（2）体前左右摆饼法（图 5-4-3）

预备姿势站好后持饼臂在体侧前后轻微自然摆动，当铁饼摆到体后时，体重移向右腿。然后，躯干扭转带动放松的投掷臂经体前向左摆动，当铁饼摆至身体前面时持饼手掌逐渐翻转向上，右肩稍前倾，体重靠近左腿，然后将铁饼向身后回摆，持饼手掌逐渐翻转向下，体重由左向右移动。右腿弯曲同时上体向右充分转动，使身体形成扭转拉紧状态。

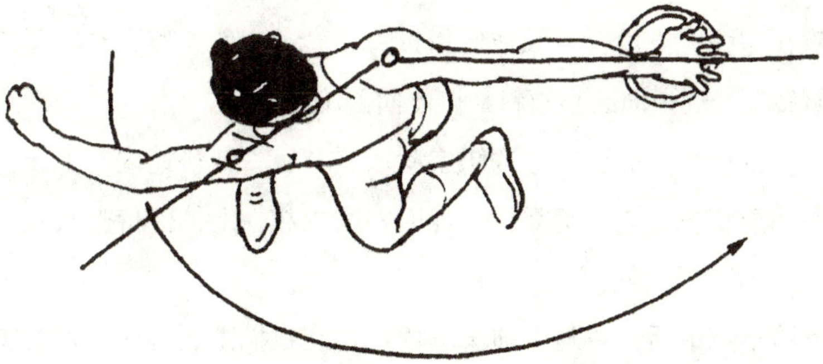

图 5-4-3　预摆结束时身体的扭转拉紧状态

不论采用哪种方法，在预摆过程中，都必须做到平稳、协调、放松而自然。以躯干的转动带动投掷臂摆动，合理地移动身体重心，加大摆饼幅度，预摆结束时身体要充分扭紧。

（三）旋转

旋转的任务是使人体和铁饼在最后用力前获得一定的预先速度，形成最后用力前有利的身体姿势，为最后用力创造良好的条件。良好的旋转投掷比原地掷成绩可提高 6 ~ 12m。旋转是从预摆结束开始至旋转后左脚着地止。

预摆结束时，身体处于扭紧状态，重心落在右腿上，随后双腿屈膝支撑转动髋部，带动上体起动旋转，左臂伸展向投掷方向转动，身体重心由右腿逐渐向边屈边转的左腿移动，左前脚掌领先积极外转。

同时，重心下降，身体随之转动，头部稍领先于肩轴向投掷方向转动，左脚尖转至与投掷方向约成 45° 角时，右腿向左稍加转动，但不离地，使右大腿内侧肌群处于适度拉长状态，为右腿蹬离地面进入摆动做好准备。

当左膝、左肩和头继续向投掷方向转动时，左膝弯曲“前顶”左肩在左膝上方沿较大弧线向投掷方向转动，使左肩、左脚形成的左侧转动轴逐渐向圆心倾斜，以便向前旋转。

左脚蹬离地面后，进入腾空阶段，右髋右腿快速内转下压，同时左腿屈膝积极向右腿靠拢。此时左肩内扣，上体保持微收腹前倾姿势。

腾空结束后，右腿以前脚掌内侧落在投掷圈圆心附近，右脚着地时，左肩位于右膝上方，左臂保持自然伸展内扣姿势，躯干扭紧，此时铁饼被远远留在身体后上方。

右脚落地后要不停顿地转动，推动右髋向投掷方向转动。在右脚支撑旋转时，左腿在髋部带动下，屈膝靠近转动中的右膝，由后向前快速向靠近投掷圈前沿落地。

（四）最后用力和维持身体平衡

最后用力是从左脚着地瞬间开始到铁饼出手结束。

左脚以前脚掌内侧落于投掷圈投掷方向中线左侧靠近投掷圈前沿的位置。此时重心在右腿上，人体肩轴和髋成交叉扭紧状态并充分超越器械。左脚的着地开始了稳固的双腿支撑用力阶段。

铁饼出手高度约与肩同高，出手角度为35° 左右。铁饼出手后，为避免犯规，要及时交换两腿，降低身体重心，并顺惯性作用向左转，以维持身体平衡，掷铁饼完整技术示意图（图 5–4–4）。

三、掷铁饼项目的技术教学

（一）使学生了解掷铁饼的一般知识

通过教师的讲解示范，采用观看技术图片、技术录像等多种手段，使学生了解掷铁饼的一般知识，建立正确的掷铁饼技术概念，并提出学习要求。

（二）学习握饼、预摆和拨饼技术

（1）结合示范（或通过图片等直观教具），讲解铁饼的握法、预摆方法及拨饼方法，使学生了解技术要求、方法和要领。

（2）握持铁饼练习。

（3）投掷臂伸直持握铁饼，做与地面形成不同角度的小幅度预

图 5-4-4　掷铁饼完整技术示意图

摆铁饼练习，提高学生控制饼的能力。

（4）做“左上右后”或“体前左右”预摆铁饼练习，逐步加大动作幅度，体会摆动动作。

（5）拨饼练习。

①握持铁饼做前、后摆动，在向前摆动中将铁饼向上抛起（高约 5 ~ 2m），铁饼离手瞬间用手指拨饼，使铁饼按顺时针方向旋转。

②握持铁饼以肩为轴在体侧做前、后摆动。当铁饼摆到身体前最远处时，持饼臂伸直，由小指到食指依次拨饼，最后铁饼从食指末节离手，使铁饼在地上按顺时针方向沿直线向前滚动。

（三）学习和掌握原地掷铁饼技术

（1）结合示范（或通过图片等直观教具），讲解原地掷铁饼技术，使学生建立正确的技术概念，了解原地掷铁饼技术的要求、方法和要领。

（2）正面原地掷铁饼练习。面对投掷方向，两脚左右分开比肩稍宽站立。预摆铁饼 1 ~ 2 次，最后一次预摆当铁饼摆到体后时，躯干向左后方扭转双腿微屈并降低身体重心。随铁饼回摆动作丽蹬伸双腿，并前送右髋，带动投掷臂将铁饼掷出。

（3）侧向原地掷铁饼练习。身体侧对投掷方向，两脚左右分开比肩稍宽站立广右脚与投掷方向约成 135° 角，左脚与投掷方向约成 45° 角，左脚尖与右脚跟在一条直线上。

在完成预摆动作的时候身体的重心要逐渐向右腿移动并且随着移动的进行，身体的重心也要随之下降。右腿向投掷方向用力蹬伸，发力送髋，进而带动上体和投掷臂，最终将铁饼投掷出去。

（四）学习和掌握旋转掷铁饼技术

（1）结合示范（或通过图片等直观教具），讲解旋转掷铁饼技术，使学生建立正确的技术概念，了解旋转掷铁饼技术的要求、方法和要领。

（2）正面旋转掷铁饼练习。面对投掷方向，两脚前后开立，左脚在前右脚在后，两腿膝关节微屈，体重落于两腿之间。

持铁饼臂放松，前后自然摆动，当铁饼摆至体后时，右腿蹬地向前跨出，同时左腿蹬地形成腾空，在空中右腿内扣带动身体转动，然后右脚着地，并保持右膝关节弯曲，随着右脚的转动；左腿划弧经右膝后方落地支撑，形成侧向原地掷铁饼的准备姿势，接着转蹬两腿将铁饼掷出。

做这一练习时，开始可做徒手模仿练习，或投掷较轻的易于控制的辅助器械，如小垒球、短木棍等，然后再持铁饼进行练习。

（3）侧向旋转掷铁饼练习。身体侧对投掷方向，两脚左右分开比肩稍宽站立。预摆最后一次上体右转铁饼摆至右后方时，两腿膝关节弯曲，随即身体重心移向左腿并进入旋转。当左膝转至投掷方向时，右腿蹬离地面并向投掷圈圆心方向转扣，以脚前掌着地。左腿蹬地腾空后，沿右膝方向划弧后伸，以脚前掌着地，形成侧向原地掷铁饼准备姿势，紧接着做最后用力将铁饼掷出。

做这一练习时，开始可做徒手模仿练习，也可持小木棒、小铁棒、轻铁饼做掷出练习。

（4）背向旋转掷铁饼练习二开始练习时，在投掷圈外可做些徒手的或持易于控制的投掷物，如木棒、小铁棍等进行完整技术的模仿练习和投掷练习。

在初步掌握技术动作的基础上适当增加动作的幅度、速度和力量，最后在投掷圈内做背向旋转掷铁饼练习。练习时着重掌握背向旋转和背向旋转与最后用力相结合的技术。

（五）改进和提高背向旋转掷铁饼的完整技术

（1）反复进行背向旋转掷铁饼练习，体会技术细节，掌握旋转节奏，增大动作幅度，加快动作速度，提高动作质量，全面改进和提高完整技术。

（2）根据个人情况，选择有效的练习手段，改进有关技术环节的动作，提高背向旋转掷铁饼技术。

（3）组织教学比赛或进行技术评定，巩固完整技术，提高动作成绩。

四、掷铁饼项目的技术训练

（一）掷铁饼技术训练的主要手段

1. 掌握基本技术的练习

（1）徒手、双人、扶肋木做各种转髋、转体、扩胸、摆腿、旋转练习。

（2）持铁饼做摆饼、滚饼、抛饼、预摆等熟悉铁饼性能的练习。

（3）徒手或持轻辅助器械做预摆、原地投、旋转和旋转投的模仿练习。

（4）徒手或持器械做最后用力模仿练习。

（5）徒手或持器械做进入旋转和旋转模仿练习。

2. 掌握和改进旋转技术的练习

（1）原地站立做 180°、360° 的旋转练习。

（2）徒手或持轻器械，以左腿为轴旋转 360°，体会以左侧为轴的旋转动作。

（3）扶栏杆做转髋练习。左手侧扶栏杆，然后向前摆腿转髋和转体 360°，右手扶栏杆成最后用力预备姿势。

（4）侧向前进方向站立，右臂预摆后向前进方向手续旋转，后半圈时加快腿和髋的转动速度，形成最后用力前的预备姿势。

（5）做徒手双腿支撑起转模仿练习，体会身体重心的移动和左腿屈膝转动，保持好上体和肩臂的移动路线。

（6）肩负竹竿做旋转练习，体会肩轴与髋轴在旋转中正确的超越关系。

（7）徒手或持器械做各种旋转模仿练习。

（8）做正面跨步与侧向旋转投掷练习，体会转换与最后用力地连贯、衔接。

3. 掌握和改进旋转和最后用力衔接技术的练习

（1）徒手或持辅助器械体会右脚落地至左脚落地的动作。

（2）徒手或持辅助器械做正面旋转投掷模仿练习。

（3）做正面旋转向投掷网掷铁饼练习。

（4）利用轻器械做完整技术练习，经常投掷 1kg 的铁饼或其他轻器械，培养速度感和节奏感。

4. 掌握和改进最后用力技术的练习

（1）徒手原地做最后用力阶段的右腿、右髋转蹬练习。

（2）负重或双人对抗（给上体以适当的阻力）练习，做右腿屈膝转蹬动作。

（3）拉橡皮带练习。侧向站立，右手握橡皮带，然后转髋、转体拉紧橡皮带。

（4）鞭打标志物练习。手持橡皮管快速挥臂鞭打标志物，体会最后甩力动作。

（5）坐或站立，单手经体侧向不同方向掷实一心球、沙袋、小铁球的练习。

（6）原地投掷实心球、沙袋、小铁球或铁饼的练习。

（7）右侧对投掷方向，预摆后左腿后撤，屈右膝单腿支撑转动成左侧对投掷方向，不停顿地接双腿支撑用力掷饼。

（8）听信号投掷铁饼练习。背向持饼，听信号后迅速转髋 90°，顺势掷饼。

5. 完整技术练习

（1）利用投掷网做旋转掷铁饼练习。

（2）在投掷圈内做旋转掷铁饼练习。

6. 增加难度的技术练习

（1）在斜坡上做原地旋转模仿练习。练习时坡度不宜过大，斜坡练习要和原地练习相结合进行。

（2）在各种气候条件下（顺风、逆风、侧风和雨中）进行练习。

（3）在湿滑的场地上进行练习，以培养自控能力。

（二）掷铁饼技术训练应遵循的原则

（1）对青少年初学者要高度重视基本技术的训练，要求他们严格按照完整技术的结构、速度节奏去做每一个练习。

（2）对有一定训练水平的运动员，必须根据其个人特点抓住技术重点训练，保证训练质量和效果。

（3）技术训练优先。在一个训练单元中，应先进行技术训练，然后再进行其他内容的训练。

（4）运动员兴奋性过高或过低时，不宜学习新技术或改进技术。

（5）在基础训练阶段应以投掷轻器械为主，投掷轻器械应快于投掷标准器械时的速度和节奏。一般在技术较稳定时才旋转投掷重器械，否则会破坏技术动作和节奏。

（6）基本技术训练要长年坚持，常抓不懈。

（7）在基础训练阶段，技术训练所占比重不得少于 15%。

五、掷铁饼项目的实训计划

（一）掷铁饼运动员初级专项训练阶段准备周期训练计划

1. 星期一

（1）投掷铁饼改进掷铁饼的技术，时间40–50min。

（2）投掷各种重物发展专项能力，时间30–40min。

（3）各种跑的练习发展速度素质，时间20–30min。

2. 星期二

（1）做游戏，全面提高身体素质，时间40–50min。

（2）通过绝对力量练习，增加力量素质训练，时间40–60min。

（3）进行各种伸展练习，提高专项的柔韧性，时间20min。

3. 星期三

（1）投掷铁饼改进掷铁饼的技术，时间40–50min。

（2）专项协调性练习，发展自身的协调能力，时间20min。

4. 星期四

（1）通过投掷各种重物练习，改进投掷技术，时间40–60min。

（2）进行专项力量练习，发展协调能力，时间20min。

5. 星期五

（1）进行技术模仿练习，改进投掷技术，时间40–60min。

（2）进行各种跳跃性的练习，发展弹跳素质，时间20–30min。

6. 星期六

（1）轻器械快速练习，发展快速力量素质，时间60–70min。

（2）进行越野跑，发展耐力素质，时间15–20min。

7. 星期天

休息

（二）掷铁饼运动员触及专项训练阶段比赛期周训练计划

1. 星期一

（1）进行掷铁饼练习，完善掷铁饼的技术，时间 50–60min。

（2）进行各种跑步练习，发展自身的速度素质，时间 15–20min。

2. 星期二

（1）进行掷铁饼练习，改进掷铁饼的技术，时间 40–50min。

（2）投掷不同重量的重物，发展自己的专项能力，时间 20–30min。

3. 星期三

休息

4. 星期四

（1）进行投掷铁饼的模仿练习，提高掷铁饼的技术，时间 40–60min。

（2）进行各种跳跃练习，发展自身的弹跳能力，时间 15min。

5. 星期五

比赛

6. 星期六

（1）总结会，总结比赛成绩，时间 40–50min。

（2）进行掷铁饼练习，完善掷铁饼的技术，时间 50–60min。

（3）进行杠铃练习，发挥力量素质，时间 40–60min。

（4）进行伸展练习，提高柔韧性，时间 30min。

7. 星期天

休息

第五节　短跑项目实践分析

一、短跑项目的发展状况

短跑项目在人们的生活中是非常常见的一种运动项目，很多情况下人们都会用到这种形式的运动，可以说短跑运动已经成为人们生活的基本技能，同时来讲在竞技场上的所有跑类运动，短跑的竞争性是最大的，境界也是比较高的，短跑运动的特点就是具有较强的竞争性和引人入胜的欣赏性，随着社会的不断进步和人们生活水平的不断提高，短跑项目不论是在技术还是在比赛的观赏性上都得到了长足的进步和发展，短跑发展的过程在一定程度上也映射了社会的不断进步。

（一）距离及项目的确定

在公元前776年第一届古代奥运会上，就有一个“斯太地”距离的短跑竞赛项目。从第14届开始增加了第二个短跑项目“基阿洛斯”（两个“斯太地”），长度接近400m，当时，比赛规则很简单，不计时间也不排名次，谁第一个到达终点谁就获胜。

1896年，第一届现代奥运会设男子100m和400m比赛，美国运动员布克分别以12s和54.2s获得两项冠军；第二届奥运会增设200m比赛项目，美国的邱克斯贝利以22.2s的成绩摘冠。

女子100m、200m、400m比赛项圈是在1928年9届、1948年14届和1964年18届奥运会上依次确定的。从第20届起，男女短跑共举行10个项目的比赛：100m、200m、400m、4x100m、4x400m。

短跑项目涌现出的优秀运动员有史密斯、伊万斯、刘易斯、乔伊娜等。

（二）起跑技术的演变

最初的起跑是运动员出发时用一只手抓住绳子，站着起跑，并利用后蹬的力量冲出起跑线，到8世纪末，运动员是站在起跑点上，由裁判员喊一声“跑”，比赛就算开始；随后，出现了各种起跑方法如“分手起跑法”“双方同意起跑法”、“卧倒起跑法”等。

大约在1887年，美国田径教练玛尔菲到澳大利亚旅行，看到袋鼠在跳跃之前，总是后腿弯曲，身体低低地俯下去。此姿势不仅起动迅速，而且向前的冲力也很大。受此启发，他发明了“蹲踞式”起跑姿势，并于1888年被大学生西里西首先使用。

在1896年第一届现代奥运会上，美国运动员布克采用“蹲距式”以12s的成绩获得了100m比赛冠军；又以54.2的成绩获得400m冠军，从此“蹲距式”起跑技术开始在全世界推广。

起跑器于1927年开始出现，到1929年，美国选手辛普逊首先使用了可调节的起跑器，并以9.4s跑完100m，但由于当时不准使用起跑器，只准在地上挖穴，其成绩没有被承认为世界纪录，直到1936年第11届奥运会，起跑器才取得合法地位。

随着对起跑研究的不断发展，“普通式”“拉长”“接近式”等起跑方法也应运而生。20世纪80年代初，田径规则规定，短跑比赛一律采用“蹲距式”起跑，并规定在“预备”口令发出后，运动员四肢必须支撑地面。

（三）途中跑技术的演变及终点跑技术的发展

20世纪初，出现了“踏步式”，特点是躯干前倾大，大腿抬得高，脚落地点离身体重心投影点近，步幅小而步频快，跑的动作较紧张。

后来芬兰人克里麦特创造了“迈步式”（亦称“旧摆动式”），步幅大而步频稍慢，动作轻松自然。但由于是腿跟着地，仍影响速度发挥。

当时瑞典体院对“迈步式”进行研究后，创造出了“摆动式”跑法，其特点是用前脚掌落地，小腿自然摆动，大腿积极下放，膝关节放松，着地点更接近身体重心投影点，从而极大地促进了短跑成绩的提高。

20 世纪 60 年代末期塑胶跑道的使用使短跑成绩产生了飞跃。

1968 年在墨西哥奥运会上，美国运动员海因斯以 9.9s 的成绩打破了保持有 8 年之久的 10s 世界 100m 纪录；在 200m 和 400m 中，美国的史密斯和伊万斯分别以 19.8s 和 43.9s 成绩摘冠，并打破世界纪录，技术特点也由原先的“摆动式”，发展到当今的“屈蹬式”，更加强调高抬大腿、积极送髋、快蹬快摆、积极扒地，以及后蹬瞬间支撑腿膝关节不完全伸展的屈蹬技术，整个动作轻快、柔和、富有弹性、前进性好。

20 世纪 60 年代，开始使用全自动电子计时系统，1997 年 1 月，国际田联规定 400m 和 400m 以下项目只有全自动计时成绩，才被承认为世界纪录，成绩单位为 1 / 100s。由于撞线瞬间成绩与名次都很清楚地排列出来，所以撞线技术更显重要。

（四）短跑技术发展趋势

1. 技术动作规范化

具体表现为动作平稳，重心波动差小，四肢配合协调，节奏感明显等。

2. 结构合理化

最重要的就是要重视摆动的技术，要求大小腿紧贴并折叠，快速有力，进行大幅度的摆动，其次就是要最大限度地缩短支撑以及腾空的空间，使两者达到一个相对合适的比例，目的就是通过增大身体重心的初速度以及减少身体重心的腾起角来进一步实现。

3. 步幅、步频同步化

即要求步频、步长同步发展

4. 加速时间和距离延长

总的要求是起跑反应快，加速能力强，途中跑维持高速度时间长，最后冲刺技术合理，整个动作轻松、协调、节奏快，向前效果好。

二、短跑项目的技术分析

（一）起跑（5-5-1）

1. 任务

迅速摆脱静止状态，为起跑后加速创造条件。

2. 重点难点

蹬腿摆臂有力，积极向前。

3. 要求

迅速打破平衡。

4. 起跑器的安装（图 5-5-2）

图 5-5-1 起跑

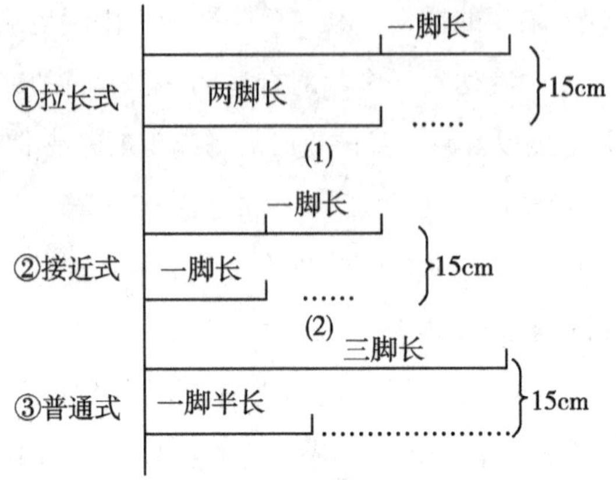

图 5-5-2　起跑器的安装

5. 起跑技术特点

物体平衡分为 3 种形式：稳定平衡、不稳定平衡和随意平衡。其区别在于物体重心投影点位置不同，如图 5-5-3 所示，物体重心的投影点 A_1 在支撑面内，属稳定平衡；在支撑点 A_2，属不稳定平衡，始终在支撑点 A_3，属随意平衡。不稳定平衡的特点是在没有外力作用下，能保持平衡，但受一点外力，平衡就会迅速打破。

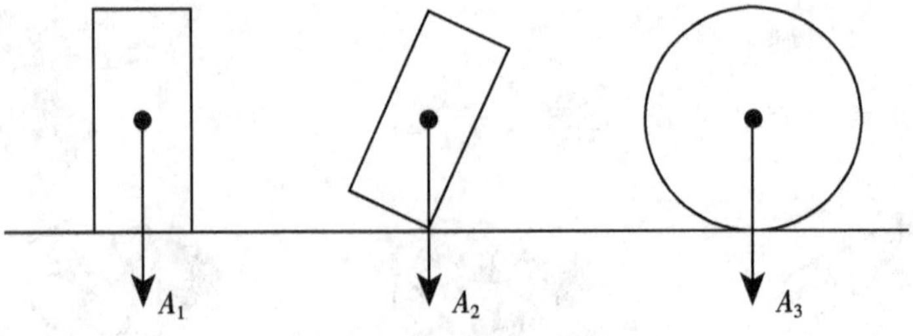

图 5-5-3　物体的三种平衡式图

起跑就是要尽快打破平衡，迅速起动，因此，第一，重心投影点 O_1 应靠近支撑点 A_1（图 5-5-4）；第二，由于 O_1 到 A_1 距离缩短，实际缩短了起跑时重心移动的距离，在毫秒必争的竞赛中，受益是明显的；第三，由于重心前移而支撑脚位置没变，缩小了后蹬角，增加了蹬地时的前进效果；第四，重心的前移，从图 5-5-5 来看，除了蹬地力 F 以外，增加了前进的动力 R。

因此，起跑的正确姿势是，当听到“预备”口令后，重心平稳向上抬起的同时重心平稳前送，使投影点接近支撑点，臀稍高于肩，形成一个“次不稳定平衡”的起跑姿势（为避免抢跑犯规，因而用“次”来表示）。

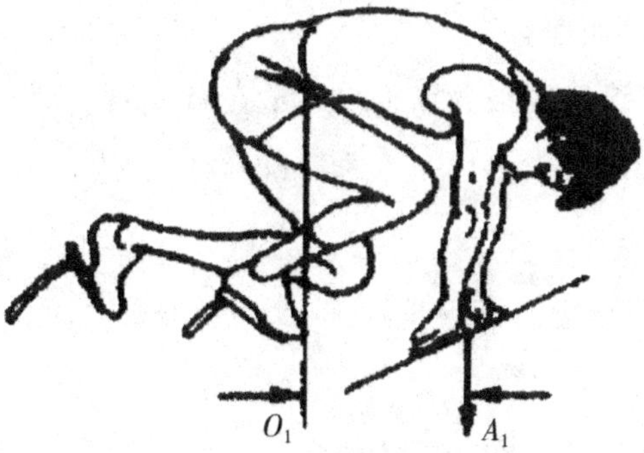

图 5-5-4　重心投影点与支撑点位置

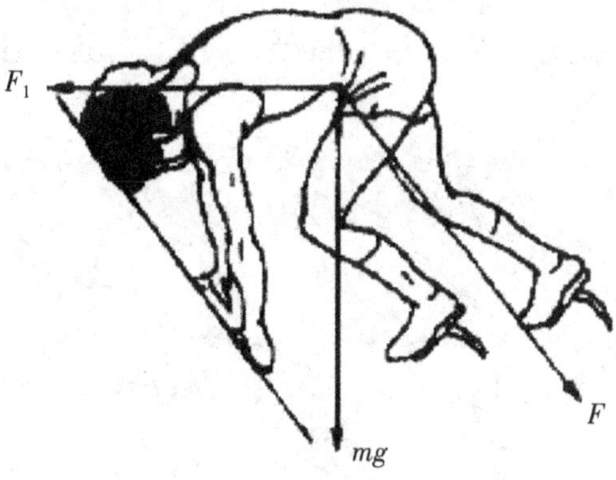

图 5-5-5　起跑时人体受力图

（二）起跑后加速跑（图 5–5–6）

1. 任务

尽快达到最高速度。

2. 重点难点

前倾角适宜，蹬摆有力。

3. 要求

渐增步幅，渐抬重心，渐成直线。

4. 提示

分两个加速阶段：

（1）重心渐升至最高点（约 30m 左右）；

（2）重心在高点的加速（约到 60 ~ 80m 处）。

5. 要点

（1）步幅渐增，第一步约 3．5 ~ 4 脚长，随后每步增加 5 个脚掌长左右；

（2）上体渐抬，在 30m 左右完全抬起；

（3）重心渐升，在前 5m 内，约沿 5° 角上升；

（4）脚印渐合，在 10 ~ 15m 处，两脚脚印逐渐合成一条直线。

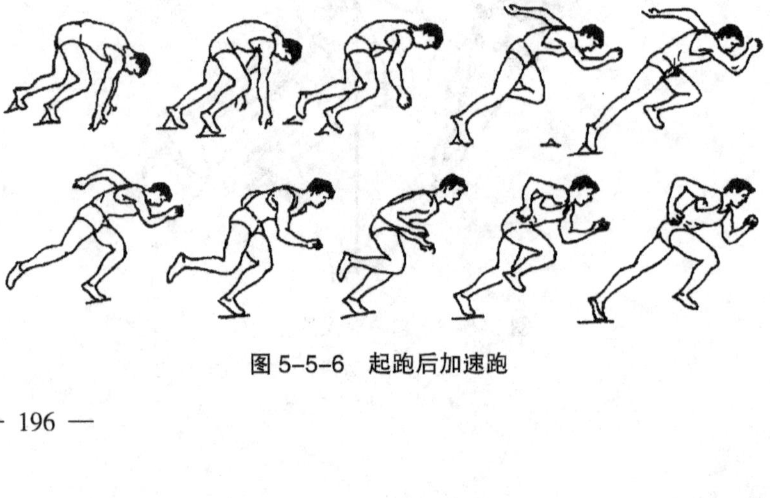

图 5–5–6　起跑后加速跑

6. 起跑后加速跑技术特点

在起跑后加速跑过程中，人体前进的动力主要源自后蹬力量，其次是重力的向前分力（图 5–5–7），因此，起跑后加速跑过程中，特别是加速跑前几步为了发挥最大蹬力，达到最佳前进效果，必须使躯干有较大的前倾，摆动腿着地点应在身体重心投影点之后或接近身体重心投影点，第一步步长约 3.5 ~ 4 脚掌长，随后每步增加 0.5 ~ 0.8 个脚掌，随躯干的逐渐抬起和步长的加大，着地点逐渐前移至身体重心投影点，大约在起跑后 30m 处转为途中跑。

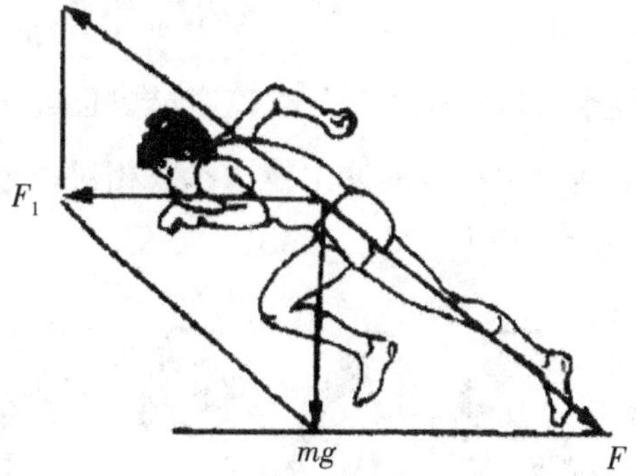

图 5–5–7　加速跑技术分析

（三）途中跑（图 5–5–8）

1. 任务

发挥和保持较长距离的最高速度。

2. 重点难点

蹬、叠、抬、扒。

3. 要求

轻松、协调、有弹性、节奏快、屈蹬效果好。

4. 提示

蹬地角 56° ~ 60° ，折叠紧，前摆高抬，鞭打扒地。

5. 要点

头部正对前方，颈部放松，躯干稍前倾（前倾角 8° ~ 12° ），两臂以肩为轴，前后摆动幅度约 115° ~ 125° 。

图 5-5-8 途中跑技术

6. 途中跑技术特点

途中跑是短跑全程中距离最长、速度最快且最能体现短跑基本技术的阶段，根据途中跑各周期中技术参数相对稳定的特点，可将途中跑技术分为如下阶段（图 5-5-9）。

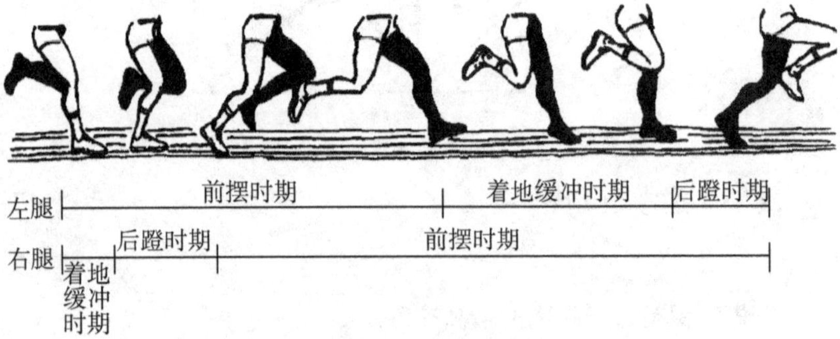

图 5-5-9 途中跑技术

（四）弯道跑

1. 弯道起跑（图 5-5-10）

（1）任务：迅速摆脱静止状态，为起跑后加速跑创造条件。

（2）重点难点：蹬腿摆臂有力，积极向前。

（3）要求：重心稍高，正对切线方向，迅速打破平衡。

（4）提示：正对切线方向；左手撑于起跑线后约 5 ~ 10cm。

（5）要点：由于直线加速距离缩短，上体抬起较早。

2. 弯道起跑后加速跑（图 5-5-11）

（1）任务：尽快达到最高速度。

（2）重点难点：前倾角适宜，蹬摆有力。

（3）要求：渐增步幅，渐抬重心，渐成直线。

图 5-5-10 弯道起跑

图 5-5-11 弯道跑技术

3. 弯道途中跑

（1）任务：尽快发挥或保持最高速度。

（2）重点难点：保持途中跑动作技术。

（3）要求：动作幅度右大于左，出弯道后惯性跑 2 ~ 3 步。

（4）提示：进弯道时，重心开始向左倾，右侧动作幅度渐大于左侧；出弯道时，左右动作幅度渐趋一致。

要点：进弯道时，放松、快摆、加速；出弯道时，应顺惯性放松跑 2 ~ 3 步。

4. 弯道跑技术特点

弯道跑属于圆周运动，其最大特点就是有向心力。为了适应这种向心力，在弯道跑时，就必须适当改变跑的身体姿势和蹬摆方向。

另外，由于弯道跑时身体重心内移，加重了支撑腿支撑地面的力量（图 5-5-12），造成体内耗能加大，因此在出弯道时，应顺惯性自然跑两步调节能量，以利后阶段速度的进一步发挥。

（五）终点跑

1. 任务

尽可能保持途中跑的最高速度。

2. 重点难点

尽可能保持途中跑动作技术。

3. 要求

加快摆臂，迅速撞过终点线。

4. 提示

最后 15 ~ 20m 的距离，用胸或肩撞线。

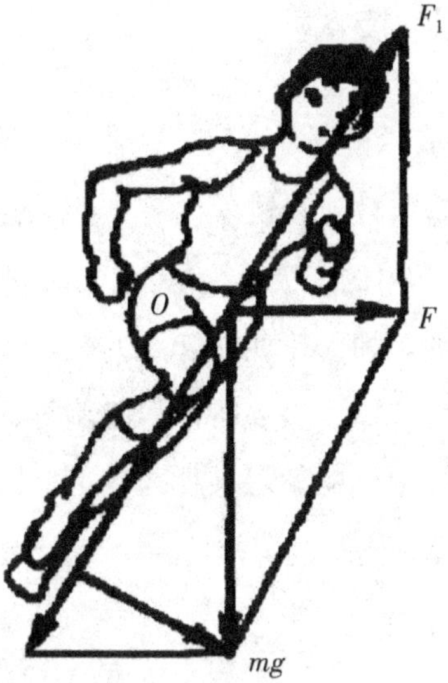

图 5-5-12　弯道跑受力分析图

5. 要点

加强摆臂，并适当加大身体前倾。

现代短跑技术特征是（图 5-5-13）：跑动中上下肢摆动幅度大，缓冲时间缩短，后蹬时间增加，支撑与腾空时间之比更趋合理（约 1:1.2），步频指数（步频 × 身高）和步长指数（步长 ÷ 身高）同步发展，全程各段落速度分配合理，有良好的冲刺能力，并在高速度中有高水平的协调放松能力，总体效果好。

图 5-5-13　终点跑技术

三、短跑项目的技术教学

（一）趣味教学法

趣味教学法就是有效地将讲学内容与趣味性的练习紧密连接在一起，充分调动学生学习的积极性，在有效的时间内增加学习的效率，养成一种终身锻炼的习惯。比如在起跑的教学当中，适当进行一些背对起跑线的听信号起跑，坐姿听信号起跑等，这种比较有趣的教学方式不仅能够增加学生的学习兴趣与热情，同时还达到了教学的目标，不失为一种较成熟的教学方式。

（二）渐进教学法

渐进教学法指的就是教师根据技术动作的要求，从学生最为熟知的简单动作开始做起，然后进一步逐渐过渡到相对复杂的技术动作，这种教学的方法更能被学生接受，同时教学的效果也非常明显。现阶段，我国教育方式中，渐进教学法是最常用的一种方法。

（三）前馈教学法

前馈教学法是与反馈纠错法相对应的一种教学方法，指的就是教师在教授某种技术动作之前将这种技术有关的各个环节，以一种相对分散的信息形式传授给学生，特别是对于一些难度较大的教学内容，这种前馈教学法更能让学生理解、消化和掌握，同时也为完整技术的学习奠定了良好的基础。

（四）自练互练法

这种方法一般适应原地技术练习，如原地高抬腿、原地跑步等。

短跑技术教学应注意：

（1）教学中加强对基础技术的训练，如正确的跑姿，正确的着地动作和摆臂技术等。

（2）教学中应注意培养学生放松协调的能力。

（3）充分运用各种专门练习手段，诱导和提高学生正确跑的技术。

（4）应根据学生的特点提出不同技术要求，充分发挥学生特长。

（5）加强更新意识，及时把一些新的先进的技术传授给学生，以利成绩的进一步提高。

四、短跑项目的技术训练

（一）起跑和起跑后加速跑技术训练

1. 训练要点

（1）协调放松，便于快速起动。

（2）舒适合理，便于发力。

（3）有良好的出发初始角度。

（4）有良好的第一步技术。

2. 训练方法

（1）不听信号的各种姿势起跑 20m×（8～12 次）；听信号的各种形式（单个或集体等）起跑 20m×（8～12 次）；听口令做“各就位”和“预备”动作，听“预备”口令后，做间隔时间不同的听信号起跑（20～30m）×（8～10 次）。

（2）多人一组的起跑练习，同伴用腿或手顶住肩做起跑动作，同伴用橡皮带在后拉住腰做起跑动作等。

（3）增加起跑难度练习，如上坡起跑、等动拉力器牵住身后起跑、负重起跑等。

（4）起跑后最大速度跑、快慢速度变化跑、快速跑接惯性跑等。

（二）途中跑技术训练

1. 训练要点

（1）整体协调、放松、有弹性。

（2）快蹬、快摆、快节奏。

（3）“扒地”后蹬，折叠高抬要到位。

（4）相关力量、频率和柔韧性。

2. 训练方法

（1）跑的专门练习及专门练习过渡到跑的练习。

（2）60 ~ 80m 的加速跑。

（3）强化某一跑的动作练习，如负重摆臂、负重抬腿、扶垒后蹬、推人前跑等。

（4）各种跨跑低栏练习。

（5）各种距离的快跑练习。

（6）变换速度的波浪跑、惯性跑、往返跑、放大步跑等，体会跑中的放松技术。

（三）弯道跑技术的训练

1. 训练要点

根据圆周运动特点，体会弯道途中跑技术要求。

2. 训练方法

（1）沿第 6 ~ 8 道弯道以最高速度的 80% ~ 90% 的强度跑 50 ~ 80m 加速跑。

（2）沿第一弯道以 3 / 4 强度做 50 ~ 80m 的加速跑。

（3）以各种速度做由弯道进直道的加速跑 80 ~ 100m。

（4）以各种速度做由直道进弯道的加速跑 80 ～ 100m。

（5）以各种速度在弯道上进行 30 ～ 50m 的起跑练习。

（四）短跑技术训练注意事项

1. 始终贯穿

对于技术的训练是一个需要不断完善和改进的过程，同时对技术的训练也是一个长期纠正错误动作和观点的过程，对于技术的训练应该始终贯穿在整个短跑训练当中。

2. 区别对待

在进行短跑技术训练的时候，一定要因人而异，对于体质不同、能力不同、技术不同的学生要区别对待，在精力有限的情况下力求让每个人形成自己独有的特点。

3. 重点发展专项素质

对于技术的训练应该最大限度地去与身体素质的提高相适应，只有身体素质提高之后我们才能够有效地去执行短跑技术中的一些安排，在进行技术训练的时候应该注重某些专项素质的训练，这些专项的素质能够影响技术的提高。

4. 加强薄弱环节的训练

短跑技术的训练应该以完整技术的训练为主，重点完善在完整技术训练的过程中遇到的一些问题，对于一些相对比较薄弱的环节，可以在完整技术训练的过程中重点加强。

5. 注重训练后的放松

对于技术动作协调放松能力的培养是一个长期并且相对复杂的过程，在进行短跑训练的时候应该特别重视这些能力的培养，只要进行任何的练习，都要有协调放松的要求。

6. 理论与实践相结合

在进行短跑技术训练的时候应该和实践两者相互结合，只有通过专业性的比赛才能使短跑技术得到进一步的巩固和提高。

五、短跑项目的实训计划

（一）少年男子短跑运动员课训练计划

表 5-5-1　少年男子短跑运动员课训练计划

课的部分	时间	内容手段	组织形式	符合要求
准备部分		1. 课堂常规		
		2. 绕场慢跑	绕田径场	小强度
		3. 柔韧练习		
基本部分	90min	1. 跑的专门性练习 3 组		
		2.80m 加速跑 3 组		
		3.60m 冲刺跑 3 组	渐加速，手臂协调摆臂，爆发用力	大强度
		4.30m 立定跳远		
		5.10m 立定三级跳		
结束部分	10min	慢跑放松		低强度

（二）少年女子短跑运动员春夏训练周计划

表 5-5-2　少年女子短跑运动员春夏训练周计划

星期	主要任务	主要内容		负荷强度
一	柔韧、速度	柔韧练习	下坡跑	中
二	频率、力量	摆臂、专门练习、跳绳	大小结合负重练习	大

星期	主要任务	主要内容		负荷强度
三	技术	途中跑技术		小
四	反应爆发力	反应游戏	跳远、多级跳	中
五	速度技术	牵引跑、惯性跑	途中跑技术	中
六	速度耐力、力量	组合跑、重复跑	大小结合负重练习	大
七	休息			

第六节　中长跑项目实践分析

一、中长跑项目的发展状况

（一）自然发展时期

20世纪30年代中期以前，由于运动技术水平不高，比赛中主要靠运动员的身体条件和素质水平来取得优势。这一时期技术主要是由大步幅、慢频率、用前脚掌或脚跟着地发展到先用脚掌外侧着地，再过渡到全脚掌着地的技术。

跑时摆动腿下压动作消极，小腿前伸远，着地距身体重心投影点也较远，产生的阻力较大，影响跑速的发挥。训练手段主要是通过长时间的自然跑、匀速跑、节奏跑、越野跑来发展运动员的耐力。

（二）改进和完善时期

20世纪30年代中期至70年代初，随着科技水平的发展，训练方法的不断改进以及实践经验的积累，中长跑的技术日趋成熟。中长跑运动员开始采用摆动腿积极前摆下压，前脚掌“扒地式”着地的技术，拉近了着地点距身体重心投影点的距离。由于膝、踝关节积极缓冲，支撑腿后蹬时髋、膝、踝快速蹬伸用力，减少了跑时的阻力，缩短了支撑时间，从而提高了步频。由于重视跑时身体重心的平稳前移，能在较高步频的同时保持一定的步长，因而成绩提高很快。在此阶段出现了许多训练体系和方法，使中长跑的运动水平得到了大幅度的提高。

（三）综合训练时期

20 世纪 70 年代以后，出现了“高频跑”的技术，其主要特点是：支撑腿后蹬时充分送髋和伸踝，不强调膝关节过分蹬伸用力；后蹬结束时小腿后摆幅度很小，迅速转入前摆，大腿抬得较低；脚掌着地点距离身体重心投影点较近，跑时身体重心移动平稳。由于缩短了两脚交换时间，步长相对较小而步频较快，节省了能量的消耗，从而取得了很好的训练效果。

（四）科学训练时期

在进入到 1990 年之后，随着社会的不断进步和科学技术水平的不断发展，人们逐渐对自己的结构和机能有了全面而正确的认识，中长跑的训练关键和结构、技能等不断发展、变化和完善，对中场跑运动训练的本质认知程度也在不断加深。

有关研究表明，在近几年以来，世界上中场跑运动成绩有了较大幅度的提高，从一定意义上来讲这并不是人们心血管系统技能逐渐改善的结果，而是人们在生活水平逐渐提高之后，骨骼肌的能力逐渐增强而导致的。我国著名的长跑教练马俊仁曾经这样说道，“中长跑运动项目是一种具有较高速度的耐力比拼项目，优秀的中长跑运动员不仅要有良好的耐力素质，而且速度素质也应比较突出。”

他把速度与耐力两个反差很大的素质紧紧结合在一起，突破了对中长跑项目原有特征的界定。正因为人们认识水平的提高，训练中强调在有氧代谢训练后进行有氧——无氧代谢混合训练，提高了中长跑运动员的速度素质。

从现代中长跑技术的发展趋势来看，由于科技的发展与作用，运动实践经验的积累以及场地设备条件的改善，使中长跑的技术更加符合人体的运动规律，符合生物力学、解剖学和生理学的原理。

表现为：步频快，步长合理，身体重心平稳前移，直线性好；跑的整体动作协调、轻快、省力，实效性强；同时，依据个人特点而形成的个人技术风格更加突出。

从现代中长跑训练的发展趋势来看，已逐渐形成了以高原与平原交叉训练法为主导，以专项速度耐力训练为核心，不断加大运动量，重视恢复手段的训练模式，从而不断提高了中长跑的运动成绩。

二、中长跑项目的技术分析

（一）现代中长跑的技术

中长跑运动是耐力性比较强的一种运动项目，在一定程度上不仅要求运动员跑的速度快，而且耐力也要好。所以，对中长跑技术的要求就是动作轻松、重心平稳、节奏感强，腿部的肌肉和双臂的肌肉用力时要相互交替，不仅具有一定的时效性，而且还要有节省能量的潜力。

1. 起跑和起跑后的加速跑

起跑以及在起跑之后的加速跑是运动员使身体迅速摆脱静止的状态，立刻高速运转的状态，并且运动员需要根据教练员制定的战术需要，较快速度地进入到高能的状态中去，在跑的过程中逐渐占据有利的位置，通常在中场跑的比赛中，运动员会采用站立式起跑的姿势。

在进行加速跑的时候，上体要稍微前倾，双腿快速交换，上肢的摆臂运动与下肢相协调，都要保持一种积极而主动的状态，在跑的过程中应时刻沿着跑道的内沿位置，加速跑的距离也应该根据运动项目的长短以及个人运动的特点来进行。

2. 途中跑

在长跑的运动项目中，途中跑是最重要的一环，在这个阶段中能够淋漓尽致地体现出运动员平时训练的效果，所以，充分掌握好途中跑的技术是非常重要的。

在进行中场跑的时候，上体基本与地面呈现出垂直的状态，头部保持正直，胸部面向正前方，并且微微向前挺，整个躯干需要自然，但是并不僵硬的状态，在摆臂的过程中，要时刻保持肩部放松，两臂微弯，肘部关节弯曲约 90°，两手半握拳，前后有规律地进行摆动。

3. 终点跑

所谓的终点跑就是运动员经过途中跑以后马上要到达终点的冲刺跑，在这个时候，经过途中跑运动员都会比较累，需要依靠顽强的毅力来加快摆臂和腿部的蹬地动作，拼劲最后一点力气跑到最后，通常进行终点冲刺的时候，选择什么时候进行冲刺以及在距离终点多远距离进行冲刺这就要视运动员个人的身体素质以及比赛的情况而定了。

一般来讲，800m 跑可在最后约 300m，1500m 跑在最后约 400m，3000m 以上在最后 400m 或更长一些距离进行冲刺跑。

（二）中长距离跑的特点与技术分析

1. 现代中长跑的供能特点

在中场跑中，对速度耐力的要求会比较高，运动员需要运用较高的速度来跑完全程，只有这样才能够取得比较优异的成绩。长跑是以耐力为主的项目，随着运动员的运动水平不断提高以及比赛竞争的程度日益激烈，对速度的要求也会越来越高，运动员的平均速度快慢以及冲刺能力的强弱都对比赛结果会有较大的影响，只有这样我们才能够在比赛中取得理想的成绩。

2. 现代中长跑的技术特点

在跑的过程中需要掌握正确的技术，尽量提高肌肉的紧张与松弛能力，使自己在跑的过程中尽量变得轻松与协调，降低身体的重心并保持平衡，有良好的运动节奏，合理地去分配自己的体力，完全达到一种动作的程序化。

在技术结构上，上体要保持正直或稍微前倾一些，在后蹬动作结束的时候，腿的三个关节几乎要伸直，摆动腿前摆小腿要适度进行折叠，大腿摆到前面时，需要有一定的高度，并且需要全脚掌着地。

3. 长跑主要技术分析

长跑的技术要求基本与中跑相似，但是长跑在用力程度和动作速度等方面要小于中跑，在进行途中跑的时候脚掌在着地之前大腿一定要积极下压，膝关节的弯曲程度要适当大一些，以前脚掌和脚的外侧有规律地着地。

总之，在进行长跑技术动作的时候，一定要自然、放松和协调，必须具有比较稳定的跑步节奏，始终具备在全程保持正确技术的能力，即使是在最后的冲刺阶段十分疲劳的情况之下，也需要始终保持自己的动作不变形。

三、中长跑项目的技术教学

（一）中长距离跑教材分析

中长跑是中跑与长跑的简称。中长跑是以有氧代谢为主的耐力性、周期性运动项目。中长跑既是竞技项目，又是健身的一种手段。

通过中长跑项目的教学与实践，使学生掌握中长跑的基本知识、基本技术和运用中长跑项目进行健身运动的科学方法；改善学生呼吸系统和心血管系统的功能，促进机体代谢，发展耐力素质，增强下肢肌肉力量，提高持续跑的能力和对大自然的适应能力；培养学生对中长跑项目的兴趣、爱好、自我健身的意识和习惯，以及顽强的意志和吃苦耐劳、勇于拼搏的精神。

中长跑教学的重点应抓住途中跑复步技术中的单步技术。因为单步技术是途中跑复步技术的基础。难点是单步技术中前摆下压时柔和的缓冲着地技术。

合理的着地技术能减少前蹬的阻力，加快重心向前移动的速度。关键是后蹬与前摆技术要协调配合，蹬伸要充分有力，前摆方向正而且迅速，这样不仅能加大步长，而且能提高步频，还能使人重心平稳，直线性好。

（二）中长距离跑教学的程序与方法

在进行中场跑教学的时候，一定要充分结合学生的技术掌握能力与学生的心肺功能，在不断练习中长跑的过程中逐渐提高中场跑的技术和耐久跑的能力。因此，中长跑教学要以途中跑教学为主。

1. 使学生了解中长跑的一般知识

通过教师讲解，使学生了解中长跑的一般知识，提出学习中长跑的要求和注意事项，调动学生学习中长跑的积极性和主动性。

2. 途中跑技术教学手段

（1）结合示范（或通过图片等直观教学）讲解途中跑技术，使学生建立正确的途中跑技术概念，了解途中跑技术的要求、方法和要领。

（2）中等以下速度匀速跑 80 ~ 100m。

（3）中等以下速度到中等以上速度的加速跑 80 ~ 100m。通过反复做上述练习，体会和初步掌握中长跑途中跑时的腿部动作、躯干姿势和摆臂动作。

（4）定时（定距）跑：男生跑 6 ~ 8min（1000 ~ 1500m）；女生跑 3 ~ 5min（500 ~ 1000m）。

我们可以用中等或者中等以下的速度在田径运动场或者野外进行跑步练习，进行跑步练习的时候需要特别注意掌握正确的腿部动作以及摆臂的姿势之外，还需要保持均匀的呼吸以及呼吸与步伐的结合。

（5）变速跑（或走跑交替）：100m 中速跑 +100m 慢跑（或走）；200m 中速跑 +100 ~ 200m 慢跑，（或走）；300m 中速跑 +

100 ~ 200m 慢跑（或走）。

变速跑总量男生为 1500 ~ 2000m，女生为 800 ~ 1000m。跑时要控制好跑速，注意跑的动作和呼吸方法的正确性。

3. 站立式起跑、起跑后的加速跑技术和巩固途中跑技术教学手段

（1）结合示范（或通过图片等直观教具）讲解站立式起跑和起跑后加速跑技术，使学生建立正确的站立式起跑和起跑后加速跑技术的概念，了解站立式起跑和起跑后加速跑技术的要求、方法和要领。

（2）以组为单位，在起跑线后做“各就位”口令后的起跑预备姿势和站立式起跑若干次，使学生掌握站立式起跑时两脚位置和身体各部姿势。

（3）以组为单位，在起跑线后的集合线站好，然后在“各就位”和“跑”的口令下，按站立式起跑和起跑后加速跑的方法、要领做站立式起跑 30 ~ 80m。

（4）以中等速度重复跑 200m、300m 或 400m。

由站立式起跑出发进行中等速度的重复跑，要求起跑动作正确，跑时动作轻松、自然，跑速均匀，呼吸和步伐配合，并注意培养学生的速度感觉。跑的总量男生为 1200 ~ 1500m，女生为 600 ~ 800m。

4. 终点跑和全程跑技术教学手段

（1）讲解终点跑和全程跑的要求和方法。

（2）按水平分组，由站立式起跑出发，进行 200m、400m 或 600m 的中等速度重复跑，在最后 50 ~ 150m 处开始适当加速，冲刺跑通过终点。跑的总量男生为 1200 ~ 1500m，女生为 600 ~ 800m。

（3）按水平分组，由站立式起跑出发，进行男生1200m和女生600m的中等速度匀速跑，在最后100 ~ 200m处开始适当加速，冲刺跑通过终点。

（4）按个人计划的体力分配方案跑：男生为1200 ~ 1500m，女生为600 ~ 800m。

（5）全程跑：组织教学测验或比赛并进行技评。测验、比赛距离：男生1500m，女生800m。

四、中长跑项目的技术训练

（一）中长跑技术训练的特点

中长跑运动员要想在跑的途中尽量节省体力，适宜地发挥身体素质的作用，合理的技术是关键。

中长跑技术训练主要是与大量跑的练习相互结合，所以在全年的各个阶段跑的过程中一定要始终强调跑的技术要求，充分运用教学的原则和手段，以此来帮助青少年运动员尽早掌握正确的中长跑技术。

在进行技术训练的过程中应该充分重视基本技术的掌握，在学习他人先进技术和原理特点的情况下，开创性地学习和掌握全新的技术，由于每个人的身体形态、身体素质以及生活习惯的不同，在进行技术训练的过程中一定要找到自己的优势和特点，并且按照适合自己的练习手段和模式进行训练，步幅与步频，腾空与支撑，上下肢体的配合等都是中长跑技术训练中不可忽视的重要环节，只有充分处理好他们之间的关系，才能节省自己的体能，使得中长跑技术得以合理化的发展。

在全年训练中，准备期着重基本技术和改进技术的训练，竞赛期着重完整技术的训练。

（二）中长跑技术训练的主要方法

技术的训练一定要始终贯穿于训练的整个过程，掌握技术或者改进技术的细节应该在大量的跑动练习中进行，我们还可以有效地依据运动员的技术状况，利用小步跑、高抬腿跑等专门的技术练习来改进运动的技术，进而发展自身的腿部力量和灵敏协调性。另外来讲，经常进行一些高抬腿跑、二人并列同步跑、多级跳、原地摆臂练习等，也是一种比较有效的改进技术的方法。

五、中长跑项目的实训计划

（一）中跑运动员加量小周期示范

1. 星期一

准备活动跑 3 ~ 5km，一般发展练习。加速跑 5 ~ 10 次 ×100m 或 3 ~ 6 次 ×150m。长段落后复跑 1 ~ 3km，总量为 4 ~ 8km，男子跑的速度为每公里 3min10s ~ 3min20s；女子为每公里 3min35s ~ 3min50s；可用相同长度段落和不同长度的段落，间歇 4 ~ 6min。

2. 星期二

匀速越野跑，男子 15 ~ 20km，女子 12 ~ 14km。

3. 星期三

匀速越野跑，男子 12 ~ 15km，女子 8 ~ 10km。男子的速度约为每公里 3min50s，女子约为每公里 4min20s。一般发展练习。

4. 星期四

慢速越野跑 30 ~ 60min。一般发展练习。

5. 星期五

与星期一相同，但用另外长度的段落组合。

6. 星期六

与星期二相同，但量大些。

7. 星期天

休息。

可在第二天或第五天进行两次长段落训练，在星期一、三、六3天进行长时间越野跑，女子的跑量比男子少20%。

一周有2 ~ 3个早晨进行跑和跳的练习以及为了提高节奏进行比赛速度跑。

（二）长跑运动员加量小周期示范

1. 星期一

变速越野跑18 ~ 20km，加速段落1 ~ 3km，速度为1km/3min，加速跑总量5 ~ 9km。一般发展练习。

2. 星期二

匀速越野跑15 ~ 20km。一般发展练习。

3. 星期三

快节奏越野跑15 ~ 16km，速度为每公里3min40s ~ 3min20s。一般发展练习。

4. 星期四

匀速越野跑1h（有氧），速度约为每公里4min30S。一般发展练习。

5. 星期五

与礼拜一相同。可在室内训练，也可用同样速度参数的段落反复跑代替变速越野跑。

6. 星期六

长时间匀速越野跑 25 ~ 30km，速度为每公里 3min50s ~ 4min5s。一般发展练习。

7. 星期天

休息。

在进行长段落训练时，可补充进行 1 ~ 2 次短跑段落（200m 内）的加速跑。

第六章　田径运动比赛场地的设计与画法

在我们了解了田径运动项目的相关技术以及在实践项目中的应用之后，我们有必要再了解一些有关于田径运动比赛场地的设计与画法，本部分的内容仅供大家了解，该部分的了解在一定程度上也能够加深大家对田径运动的比赛规则以及田径运动文化的理解。

第一节　半圆式田径场地的设计

一、修建田径场的原则

（1）修建田径场地，要选择利于广大群众使用；不影响学校教学、工厂生产和居民休息；地势稍高，便于上水和排水；阳光充足，空气新鲜，土质软硬适宜的地点。

（2）选择、设计田径场时要考虑主导风向和场地的主要使用要求及时间，以免在使用时阳光刺激运动员的眼睛而影响比赛或受风速的干扰。通常田径场的中线（纵轴线）为南北方向。

（3）设计田径场，周围要留有足够余地，以备群众观看表演、比赛和做其他用处，保证观众的安全。

（4）修建田径场，要根据田径场的任务和当地的条件，选择经济耐用和适宜的煤渣、火山岩、红砖粉、煤矸石等为建筑跑道的材料（塑胶田径场除外），使田径场地有良好的透水性能，并能使场地表面平整，不塌陷，坡度均匀，有弹性。

二、半圆式田径场的平面结构

半圆式田径场跑道由两个平行的直道和两个半径相等的弯道组成。无论是符合规则规定的周长为400m，还是周长小于400m的半圆式田径场，其平面结构主要有：中线（纵轴线）、中心点、圆心、直曲段分界线、弯道、直段和直道、分道线、计算线、分道宽和跑道宽、内突沿和外突沿、后沿和前沿、起跑线、终点线等（图6-1-1）。

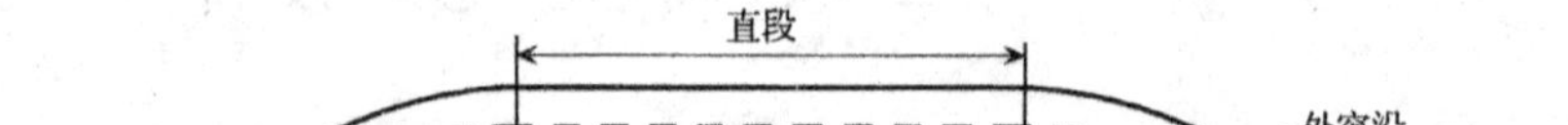

图 6-1-1　半圆式田径场平面结构

（一）中线

它处于田径场的中间，把每个弯道分成相等的两份。如图中“O_1O_2”线，这条线，在修好的田径场上不画出来。

（二）中心点

将纵轴线分成相等的两份的点为中心点。如图中“O”点。

（三）圆心

半圆式田径场有两个圆心，都在中线上。它们是画跑道、弯道内突沿、外突沿和分道线的基准点。如6–1–1图中“O_1”和“O_2”点，两个圆心要用明显的标记标出来，以备使用。

（四）直曲段分界线

直曲段分界线必须通过圆心，垂直于中线与跑道相交于四处，把跑道的直段和曲段分开。如图6–1–1中“（一）、（二）、（三）、（四）”为分界线和分界点。通常把终点线处的直、曲分界线称为第一直曲分界线或第一分界点、第一基准点。以后的直、曲段分界线按逆时针方向排列，依次称为第二、第三和第四直曲分界线或第二、第三和第四分界点、第二、第三和第四基准点。这四条直曲段分界线、基准点是测量跑道的基础。利用此线、点测量跑道既准确又简便，因此，应当用明显的标记，在跑道的内突沿和外突沿上标出它们的位置。

（五）直道和直段、弯道

直道是指直跑道，半圆式田径场有两个直道，供直道比赛项目用。直段指的是连接两个弯道的那部分直道，一个直段长等于两个圆心之间的距离。即第四至第一（终点直段），或第二至第三（非终点直段）直曲段分界线的距离。弯道是指第一至第二或第三至第四直曲段分界线之间弧的距离。通常把第一分界线前面的弯道称为第一弯道，第三分界线前面的弯道称为第二弯道。

（六）跑道宽和分道宽

跑道宽指的是内突沿与外突沿之间宽度，也叫跑道总宽。分道宽指的是每一条分道的宽度。例如，八条分道各宽为 1.22m 的跑道，跑道总宽为 8 × 1.22m=9.76m。

（七）分道线

宽为 5cm，把跑道分为各条分道。分道线的宽度包括在里侧跑道宽度之内，例如，第一道和第二道的分道线，应当包括在第一道分道宽之内。

（八）内突沿和外突沿

田径规则规定跑道的内、外突沿高约 5cm，宽至少 5cm。如能排水，突沿最高可达 6.5cm，但不得超过。内突沿即跑道内侧的突起边沿，外突沿即跑道外侧的突起边沿。内沿与外沿以圆心为准，一条线宽距离圆心近的称内沿，距离圆心远的称外沿，如内突沿的外沿、第四分道的外沿等。

（九）前沿和后沿

前沿和后沿是以跑进方向为准，先接触到的线称“后”，后接触到的线称“前”。如接力区的后沿、前沿，终点线的后沿。

（十）计算线

计算线是计算跑道周长的线，一条跑道的周长是按这条线的长度来计算的，因此叫计算线。这条线在跑道上并不画出来。田径规则规定，第一条分道的长度是在距离内突沿的外沿 0.30m 处计算，其余各分道周长是在距离里侧分道线外沿 0.20m 处计算，这条计算线又称为实跑线，如图 6-1-2 所示。

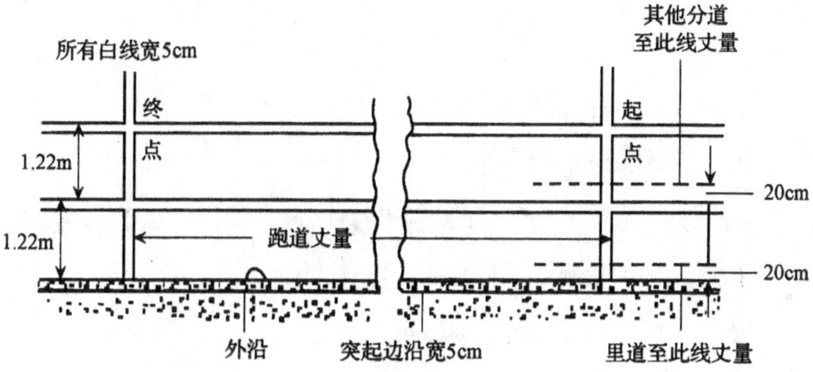

图 6-1-2　跑道周长计算线

三、半圆式田径场地设计

根据修建田径场的原则和田径场地的平面结构，设计标准 400m 半圆式田径场。

（一）田径场地规格

标准 400m 半圆式田径场跑道，由两个平行的直段和两个半径相等弯道组成，周长为 400m。

纵轴长（中线长）：180m

横轴长：100m

半径（R）：36m，36.5m 或 37.898m

两个弯道长度：R=36m　　弯道长度：228.08m

R=36.5m　　弯道长度：231.22m

R=37.898m　　弯道长度：240m

两个直段长度：R=36m　　直段长度：171.92m

R=36.5m　　直段长度：84.39m

R=37.898m　　直段长度：160m

跑道数：直道 8 条，弯道 8 条

分道宽：1.22m

分道线宽：0.05m

内、外突沿高度：0.05m

倾斜度（跑道）：跑道的左右倾斜度最大不得超过 1：100，在跑进方向上的向下倾斜度不得超过 1：1000。

（二）田径场地建筑面积

修建标准的 400m 半圆式田径场，必须有足够的建筑面积，并且进行建筑面积的计算。

（1）设田径场 R 为 36m，8 条跑道，每条分道宽 1.22m，则：

占地宽为：2×（1.22m×8+36m）=91.25m

占地长为：2×（1.22m×8+36m）+85.96m=177.48m

建筑面积为：177.48m×91.52m=16242.9696m^2

（2）设田径场 R=36.50m，8 条跑道，每条分道宽 1.22m，则：

占地宽为：2×（1.22m×8+36.50m）=92.52m

占地长为：2×（1.22m×8+36.50m）+84.39m=176.91m

建筑面积为：176.91m×92.52m=16367.713m^2

（3）设田径场 R 为 37.898m，8 条跑道，每条分道宽 1.22m，则：

占地宽为：2×（1.22m×8+37.898m）=95.316m

占地长为：2×（1.22m×8+37.898m）+80m=175.316m

建筑面积为：175.316m×95.316m=16910.4198m^2

（三）田径场地测绘

设计、修建标准的400m半圆式田径场，测绘工作是关键。测绘时要根据当地的纬度、主导风向和场地的主要使用要求，利用精密的经纬仪确定田径场地方位、场地的中线（纵轴）、中心点、圆心、直曲段分界线、基准点等。

其步骤如下（以36m半径为例，图6-1-3）

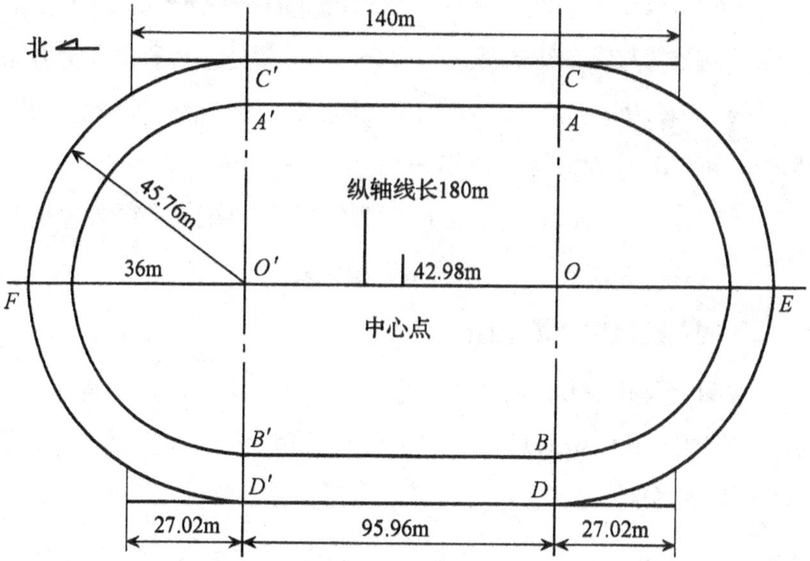

图6-1-3　标准半圆式田径场地设计图

（1）利用经纬仪测出场地的中线（纵轴线）EF。确定跑道长轴方位为南北向。中线长180m，并在纵轴线上找出中心点。

（2）由中心点向两端各量二分之一直段长42.98m或40m取O点和O'点。这两点即为两个弯道的圆心。用长铁棍钉入地内做永久性标记。

（3）通过0点与O^1点分别作纵轴线的垂直线。

（4）以 0 点与 O' 点为圆心，以 36m 为半径画弧，与纵轴线（中线）的垂直线相交于 AB 与 $A'B'$，连接 A A' 与 B B'，即测出田径场地的内突沿线（内突沿）。

（5）再以 0 点与 O' 点为圆心，以 45.76m（36m+9.76m=45.76m）画弧与纵轴线的垂直线分别交于 CD 与 $C'D'$ 连接 CC'，与 DD' 即测出田径场地的外突沿线（外突沿）。

（6）再以 0 点与 O' 点为圆心，分别以 36m 加每条跑道宽（1.22m）为半径画弧，与纵轴线的垂直线相交，再连接各条直段，即为各条分道线。BD, AC, $A'C'$，$B'D'$ 四条线即为田径场的直、曲段分界线，B，A，A'，B' 点为田径场地基准点。

（7）从各直曲段分界线向两端各延长 27.02m，使直道长为 140m，这样，标准 400m 半圆式田径场就设计出来了。

（四）绘制田径场地图

经测绘及有关方面的研究、论证，设计方案确定后，根据标准 400m 半圆式田径场地总体要求和设计标目，绘制 1 / 200 到 1 / 500 的田径场地示意图。

第二节　半圆式田径场地的计算

田径比赛的项目有很多种，在田径场的跑道中，有一半以上的距离是弯道，在一些径赛项目上难免会有在弯道上进行的。由于计算线半径有很大的不同，各条弯道的计算线长度也就随之变化，进行径赛时，各项的距离也就会有很大的差异，在终点一样的情况下，起点会有很大的差异，所以我们有必要逐个计算弯道的长度。

一、弯道计算线长度的计算

在田径跑道计算中，弯道计算线长度是一个最基本的数据。计算弯道长度的公式是计算圆周长的公式，即 $C=2\pi r$。

通常用 r 代表跑道内突沿半径。规则规定，第一道计算线长是在离内突沿的外沿 0.30m 处计算，其余各分道是在离左侧分道线外沿 0.20m 处计算，因此，两个弯道计算线长是：

第一道 $=2\pi(r+0.30)$

第二道 $=2\pi(r+1\times$ 分道宽 $+0.20)$

第三道 $=2\pi(r+2\times$ 分道宽 $+0.20)$

第四道 $=2\pi(r+3\times$ 分道宽 $+0.20)$

第五道 $=2\pi(r+4\times$ 分道宽 $+0.20)$

……

二、起跑线前伸数的计算

计算起跑线前伸数的方法为：计算前伸数前，先将各分道弯道实跑线长度算出，然后求该分道的前伸数，就是将该分道弯道的长度减去第一道弯道长度。

前伸数的计算式为

$$\text{前伸数} = \text{某分道弯道长} - \text{第一弯道长}$$
$$=2\left[r+(n-1)d+0.2\right]-2(r+0.3)$$

三、切入差的计算

有一些径赛项目，要求先分道跑，跑过一定的弯道后，就不再分道，可以切入里道了。田径竞赛规则中规定 800m 跑应在第一弯道末端的抢道线之前为分道跑，允许运动员越过抢道线后离开自己的分道切入里道。4×400m 接力跑比赛中，第一个整圈应为分道跑，第二棒运动员在越过抢道线之前为分道跑。这样的项目，各外道运动员在向里抢道时也要比第一道运动员多跑一点距离，外道运动员多跑的距离叫切人差。各分道切人差的数值可通过勾股定理求出，如图 6-2-1 所示。

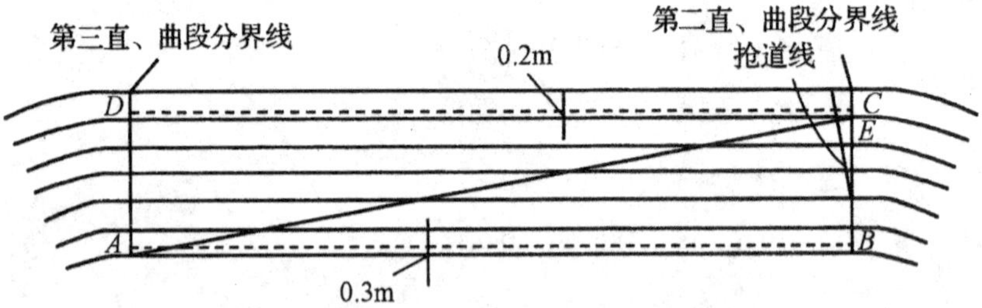

图 6-2-1　切入差计算图示

由图 6-2-1 得知，CE 是第六道运动员的切入差。

$AB=AC=DE=$ 直段长

$CE=DE-DC$

$\triangle ADC$ 是直角三角形，由勾股定理得：

$DC^2=AC^2-AD^2$

$DC=\sqrt{AC^2-AD^2}$

把公式带入可得：

$CE=DE-\sqrt{AC^2-AD^2}$

$AD=5\times$分道宽$+0.20-0.30=5\times$分道宽-0.10

$CE=$ 直线长 $-\sqrt{\text{直线长}^2-[(N-1)\times\text{分道宽}-0.10]^2}$

R=36m，S=1.22m 所以第六道运动员的切入差就是 0.21m。

各道切入差也应当加到起跑线前伸数中去。例如 800m 跑，先分道跑一个弯道，那么，它的起跑线前伸数应为一个弯道起跑线前伸数加切入差，即 800m 第六道运动员起跑线前伸数为：

一个弯道起跑线前伸数 + 切入差

18.85+0.21=19.06

四、经纬仪丈量计算方法

经纬仪丈量法是利用经纬仪来测量各条弯道上一定弧长的方法。测量时，用经纬仪测量弯道上一定弧长所对的角度，确定该弧长在弯道上所处的位置。这种方法的优点是计算简单，测量准确。但是受仪器精度的限制，操作时不如其他方法简便。现在绝大多数塑胶跑道均采用这种方法，大多数天然材料地面跑道很少使用。

求弯道上各分道实跑线的一定弧长所对的角度。

第一步，求各分道每米实跑线所对的角度，计算方法是用圆周长去除圆心角，公式为：

$$K=\frac{360^\circ}{2\pi R}$$

式中 K 为单位圆周长所对的圆心角；R 为圆的半径；π 为圆周率。

若半圆式田径场弯道半径为 36m，则第一跑道实跑线每米所对的圆心角为

$$K_1=\frac{360}{2\pi(36+0.3)}=1.578396^\circ$$

所以，第 n 条跑道实跑线所对的圆心角为：

$$K_n=\frac{360}{2\pi\left[r+(n-1)d+0.2\right]}$$

第三节　非标准田径场地的设计

非标准半圆式田径场地的周长一般有 200m、250m、300m、350m 等几种，这里只重点扼要介绍周长 200m 半圆式田径场。周长 200m 半圆式田径场其弯道半径为 15 ~ 21m。

现以 15m 半径为例介绍。

一、半径 15m 半圆式田径场的主要参数

这样的场地需面积为 94m × 42m，有 4 条跑道，每条道宽 1.22m，每边有 1m 的余地。

（1）直段长：94m−2 ×（15m+4.88m+1m）=94m−41.76m=52.24m

（2）弯道总长：$2\pi R$−2 × 3.1416 × 15.30m=96.13m

（3）一周总长度: 2 × 直道长 +2 × 弯道长 −2 × 52.24m+96.13m=200.61m

（4）调整直段长: $52.24m-\frac{200.60\text{m-}200\text{m}}{2}=52.24-0.305=51.94\text{m}$

（5）验证周长：51.94 × 2+96.13=103.87+96.13=200m

二、实地测画

实地测画方法，完全与标准 400m 半圆式田径场地的测画方法相同。

三、径赛各项目的起终点、接力区等画法（图 6-3-1、图 6-3-2）

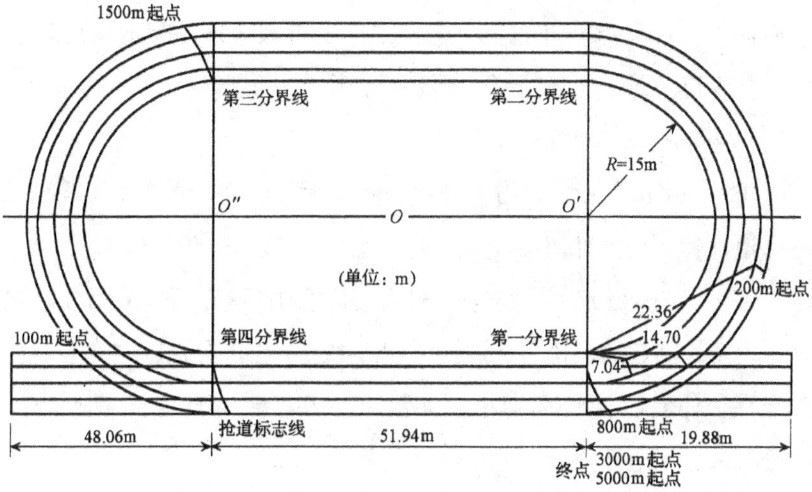

图 6-3-1　周长 200 米半圆式田径场

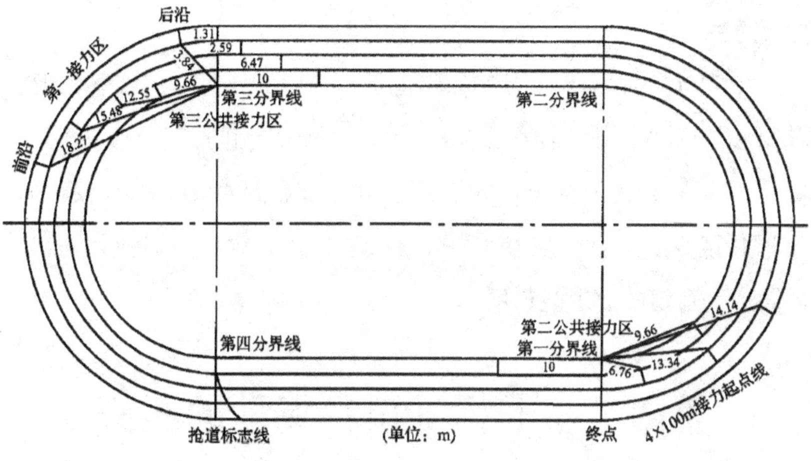

图 6-3-2　200 米周长田径场的 4×100m 接力区位置图

（1）终点设在第一分界线上。

（2）100m 起点：由于这种田径场直道长度不足 100m，因此延长直道的一端或两端来解决，否则采用弯道起跑，起点在第三分界线向前处，各分道前伸数是一个弯道的前伸数（即各分道弯道长减第一分道弯道长）。若直道一端延长，则向后延长为 100m–51.94m–（15m+4.88m）=28.18m

（3）200m 起点：因为正好跑一圈，所以在第一分界线前延伸，各分道前伸数与标准田径场 400m 起跑的前伸数完全相同。

（4）400m 起点：因为 400m 赛跑正好为两圈，所以采用分道跑两个弯道，然后通过抢道标志线后切入里道，再不分道跑的方法。它的起点前伸数等于 400m 跑的前伸数加上切入差，所以要在第四分界线处画一条抢道标志线。

（5）800m、3000m、5000m 起点：这三个跑项目采用不分道起跑，它们的起点线是弧形，其画法与标准 400m 半圆式田径场的不分道跑起跑线画法相同。

（6）1500m 起点：1500m 跑也是不分道起跑，起跑线呈弧形，其画法与标准半圆式田径场 3000m 起点的画法相同，全程跑七圈半。

（7）4×100m 接力跑起点：接力区起点同 400m 赛跑的起点，全程共跑两圈。第一接力区为分道接力区，在第三分界线处，它们的距离和弯道的放射线长度。

第四节　非标准田径场地的画法

标准 400m 田径场在修建时已有完整的数据，因此，标准 400m

田径场画起来较容易。

在此介绍 200m 田径场和田赛场地的测画法。

一、周长 200m 半圆式田径场

（一）必备条件（图 6-4-1）

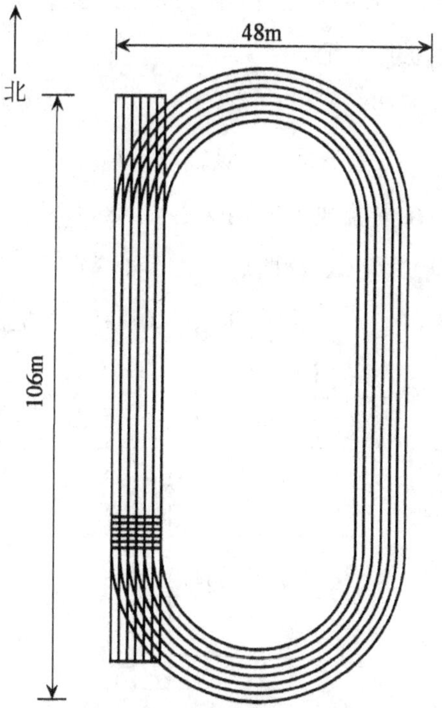

图 6-4-1　200m 半圆式田径场

（1）需要至少 106m×48m 的空地，弯道半径是 18m，每条跑道宽 1m。

（2）土质场地表面应平坦。

（3）建议将田径场地建成南北方向。

（4）为符合规则要求和保障安全，建议购买合格的田径器材。

（二）画线痕

1. 纵轴线

（1）在空地的较长（最好是南北）方向居中拉一长绳，用钉子固定，就是纵轴线（图 6–4–2）。

（2）确定纵轴线的中心为 O 点。

（3）从 0 点分别向纵轴线的两边量 21.25m，为 O_1 和 O_2，在 0、O_1、O_2 点钉上木桩做标记。

2. 直弯道分界线

（1）通过 O_1 拉一条长绳与纵轴线垂直。

（2）从 O_1 在垂直线上向两边各量 18m，得 A、B 两点；用同样的方法通过 O_2 找到 C、D 两点（图 6–4–3）。

（3）A、B、C、D 是跑道的基准点，钉上木桩做标记。

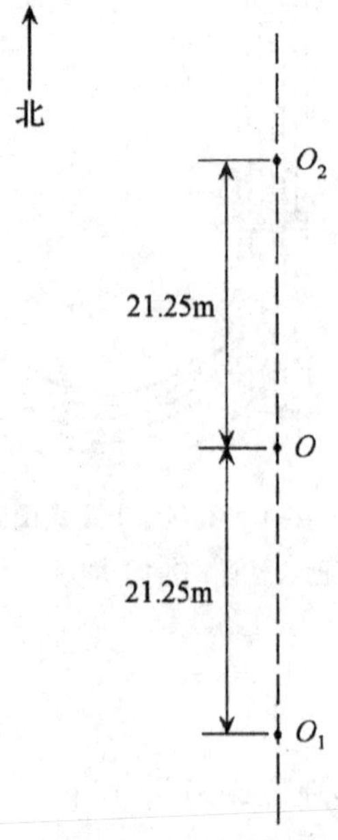

图 6–4–2　纵轴线

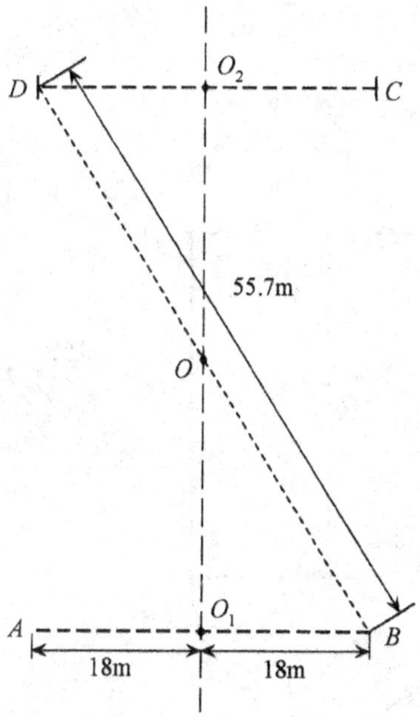

图 6-4-3　分界线示意图

3. 检验方法

量对角线，$AC=BD=55.70$m。

4. 里道沿线

（1）分别以 O_1、O_2 为圆心，以 18m 为半径，向外画两个半圆（图 6-4-4）。

（2）连接基点 AD、BC，就形成场地的里沿。

（3）田径场沿一般要做成高 5cm、宽 5cm 的沿，可以用木条、砖块或水泥砌成，业余比赛和教学场地可省略。

5. 分道线

用两种特制的“钉耙”来画跑道线痕。横梁上钉子间隔 1m，钉子的数量视跑道数量而定，如 6 条跑道用 7 颗、8 条跑道用 9 颗钉子。画线痕时注意将钉耙内端和跑道的里沿靠紧，横梁和跑道里沿垂直。

拉着走一圈，在地面上形成跑道线痕（图 6-4-5）。

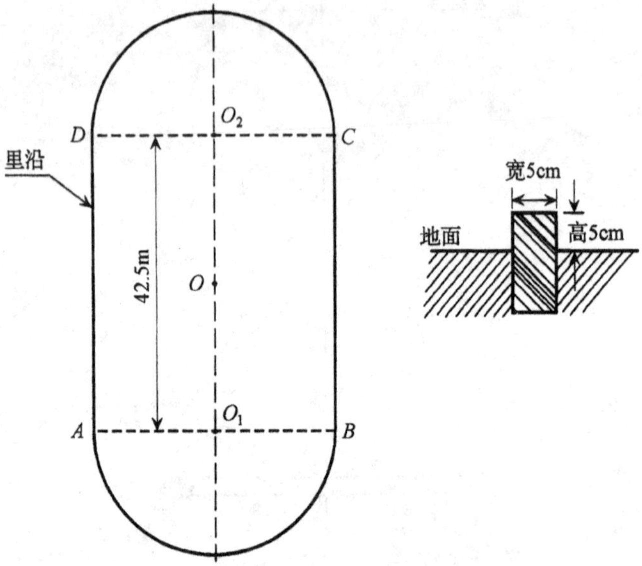

图 6-4-4　里道沿线

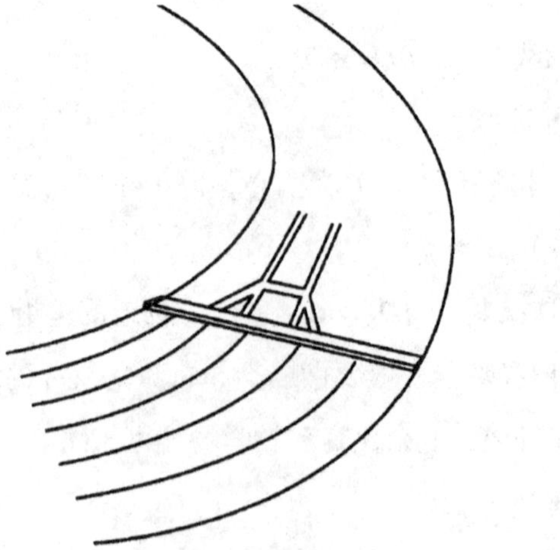

图 6-4-5　分道线

6. 终点

延长 O_1A，并和最外面的跑道线痕交叉成 A'，连接 AA' 就是田径场的终点线（100m 除外）（图 6–4–6）。

7. 100m 起点、终点线

（1）延长 *AD* 至 *E*，*DE*=*D′ E′* =27．5m，连接 *E E′*，就是 100m 起点线。

（2）延长 *DA* 至 F，AF=*A′ F′* =30m，连接 *FF′* 就是 100m 的终点线。

（3）拖钉耙补齐 100m 跑道线。

8. 200m 起点

（1）以 *A* 点为圆心，以表中数值为半径画弧线与跑道线交叉成 1 ~ 6 点（其中 1 与 *A* 重合）（图 6–4–7）。

（2）分别通过这 6 个点各做一条直线与跑道线垂直就是 200m 各道起点线。

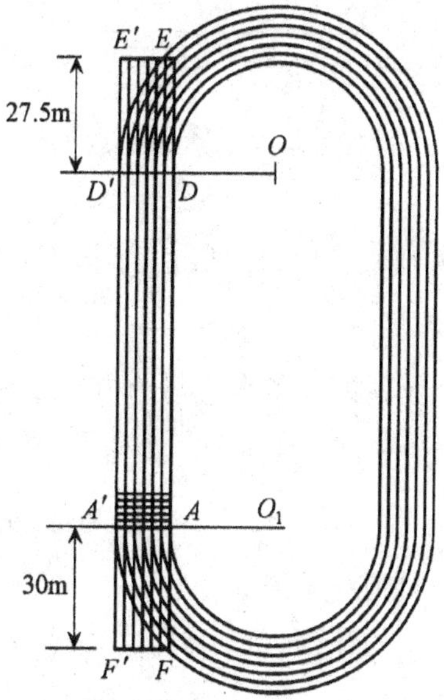

图 6–4–6　终点画法

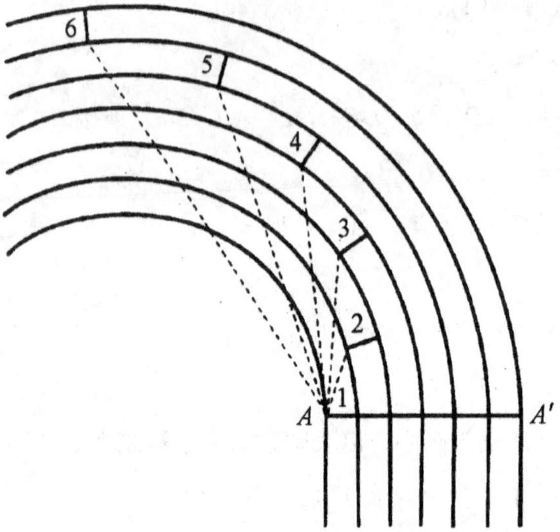

200m 起点数值表（单位：m）

A～1	A～2	A～3	A～4	A～5	A～6
0	5.66	11.94	18.22	24.50	30.79

图 6-4-7 200m 起点

9. 400m 起点

（1）以 A 点为圆心，以表中数值为半径画弧线与跑道交叉成 1 ~ 6 点（其中 1 与 A 重合）（图 6-4-8）。

（2）通过 6 个点各做一条直线与跑道线垂直，就是 400m 各道起点线。

（3）400m 抢道线：以 A 点为圆心，以 42.5m 为半径向 D 点方向画弧，就是 400m 抢道线（图 6-4-9）。

10. 800m、3000m、5000m、10000m 起点（图 6-4-10）

（1）连接 A A′，与跑道线交叉成图中的 2-7 点。

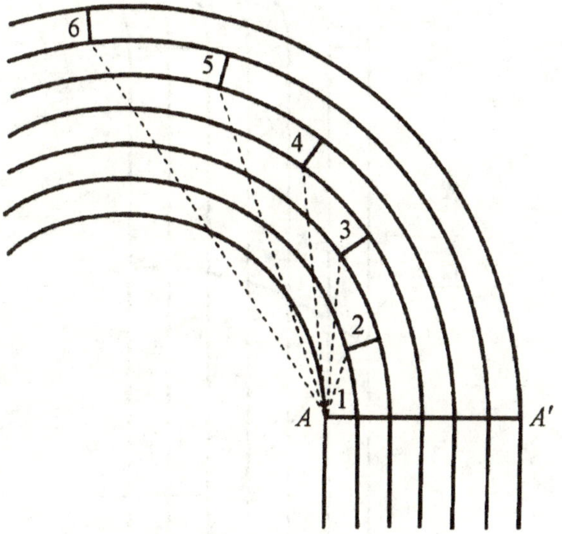

200m 起点数值表（单位：m）

A～1	A～2	A～3	A～4	A～5	A～6
0	5.66	11.94	18.22	24.50	30.79

图 6-4-8　400m 起点示意图（一）

（2）以第 2 点为圆心，0.16m 为半径画弧与跑道线交叉得图中的第 8 点。用同样的方法，用表中的数字，得 9 ~ 13 点。

（3）把 A 和 8 ~ 13 点连成一条曲线就是 800m、3000m、5000m、10000m 起点线。

11. 1500m 起点（图 6-4-11）

（1）连接 CC' 与跑道线交叉成图中的 2 ~ 7 点，以第 2 点为圆心，以 0.16m 为半径画弧线与跑道线交叉得图中的第 8 点；用同样的方法，以表中的数字，找出图中的第 9 ~ 13 点。

（2）连接 C 和 9 ~ 13 点成一条曲线就是 1500m 起点线。

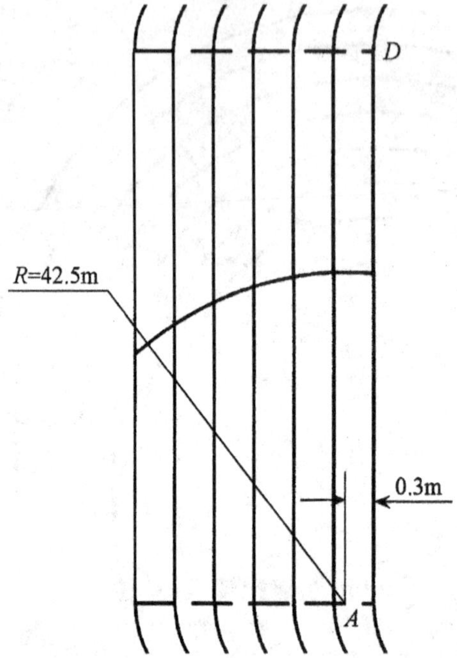

图 6-4-9　400m 起点示意图（二）

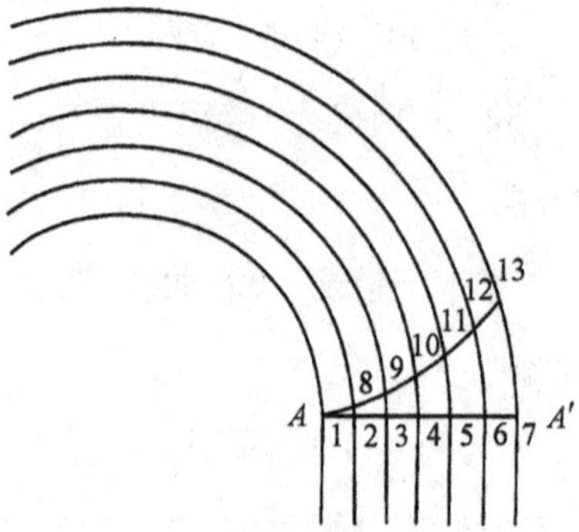

800m、3 000m、5 000m、10 000m 起点数值表（单位：m）

2～8	3～9	4～10	5～11	6～12	7～13
0.16	0.60	1.17	1.87	2.70	3.64

图 6-4-10　800m、3000m、5000m、10000m 起点

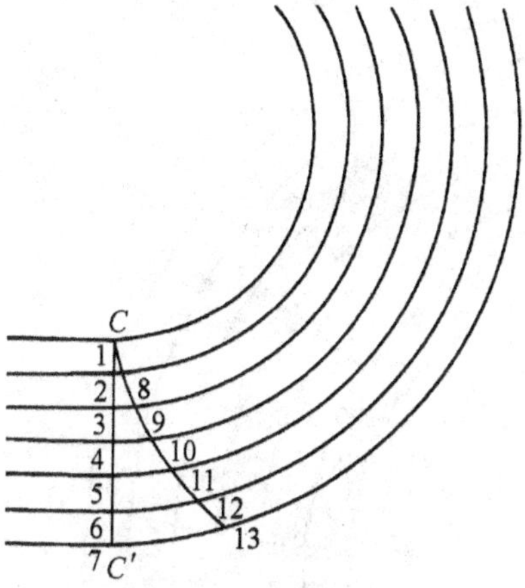

1500m 起点数值表（单位：m）

2～8	3～9	4～10	5～11	6～12	7～13
0.16	0.60	1.17	1.87	2.70	3.64

图 6-4-11　1500m 起点

12. 4×100m 起点及接力区

（1）4×100m 起点同 400m 起点（图 6-4-12）。

（2）第一接力区：以 *C* 为圆心，以表中数值为半径画弧，与跑道线交叉成 *C*1 ~ *C*12 点。

（3）分别通过这 12 个点各画一条直线与跑道线垂直。每条跑道的两条线之间为 20m 就是各条跑道的第一接力区。

（4）4×100m 接力第二、三接力区：以 *A* 为圆心，以 9.71m 为半径画弧，与跑道线交叉成 E 点，*AE'* =10*m*（图 6-4-13）。

（5）用同样的数值和方法通过 C 点找出 F 和 *F'* 。

（6）分别通过 *EE'*，*FF'* 各画一条直线与跑道线垂直，两条线之间为 20m，就是第二、第三接力区。

（7）4×100m 接力抢道线同 400m 抢道线。

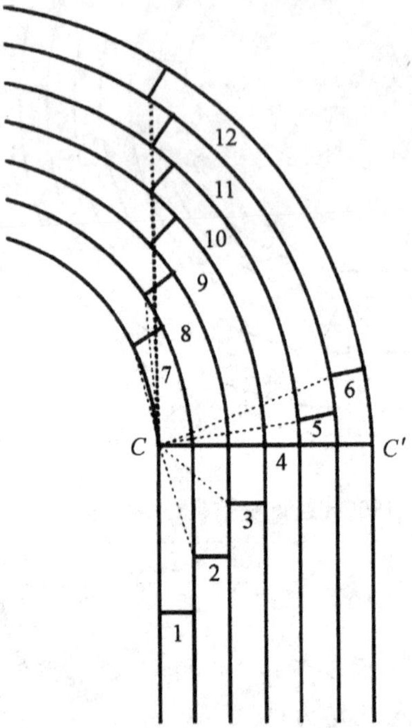

4×100m 第一接力区数值表（单位：m）

C1	C2	C3	C4	C5	C6
10	7.22	4.42	3	4.55	7.11
C7	C8	C9	C10	C11	C12
9.71	12.18	14.78	17.92	20.48	22.04

图 6-4-12　4×100m 起点

13. 4×400m 起点及接力区（图 6-4-14）

（1）4×400m 接力起点同 400m 起点。

（2）4×400m 各接力区在同一位置：以 A 为圆心，以 9.71m 为半径画弧，与跑道线交叉成 E 点，AE' =10m。

（3）分别通过 E 和 E'，各画一条直线与跑道线垂直，两条线之间为 20m，就是 4×400m 接力区。

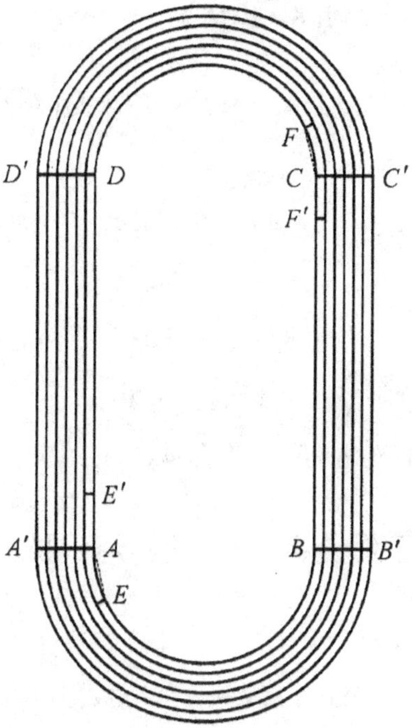

图 6-4-13　4×100m 抢道线

（4）4×400m 接力抢道线同 400m 抢道线。

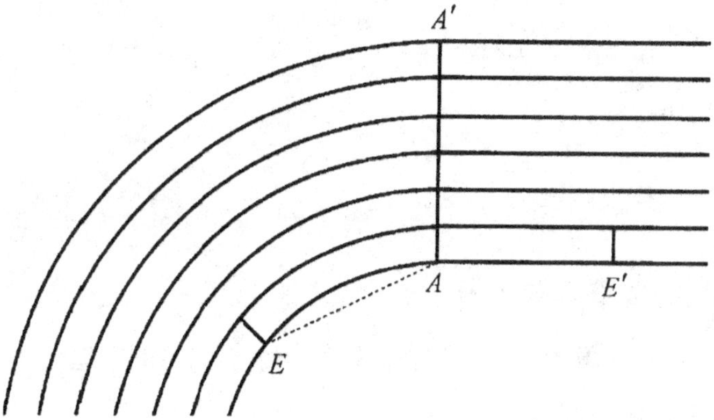

图 6-4-14　4×400m 起点及接力区

二、跳高场地（图 6-4-15）

（1）跳高场地一般放在田径场一个半圆内的空地上，也可根据场地的实际情况选择。

（2）海绵包长 5m、宽 4m，厚度要保证安全。没有海绵包，可以用沙台代替。

（3）整个助跑的范围是一个扇形面，助跑道的直线长度要大于 15m，如果有足够的地方，可以到 25m 左右。

（4）两个跳高架之间的距离是 4.04m。

三、跳远、三级跳远场地（图 6-4-16）

（1）沙坑宽 2.75 ~ 3m，跳远起跳板到沙坑远端最少 10m，起跳板到沙坑近端 1 ~ 3m；三级跳远起跳板到沙坑远端最少 21m，起跳板到沙坑近端男子不少于 13m，女子不少于 11m；业余训练和比赛可视具体情况确定起跳板与沙坑的距离。

（2）助跑道长至少 40m，跑道线宽 5cm。

（3）起跳板长 1.21 ~ 1.22m、宽 0.2m、厚 0.1m，埋在地下，表面与地面平。

四、铅球场地

（一）必备条件（图 6-4-17）

（1）铅球场地一般都建在田径场一个半圆内的空地上，也可根据场地的实际情况选择。

（2）铅球投掷圈直径 2.135m，投掷区夹角为 34.92° 边线宽

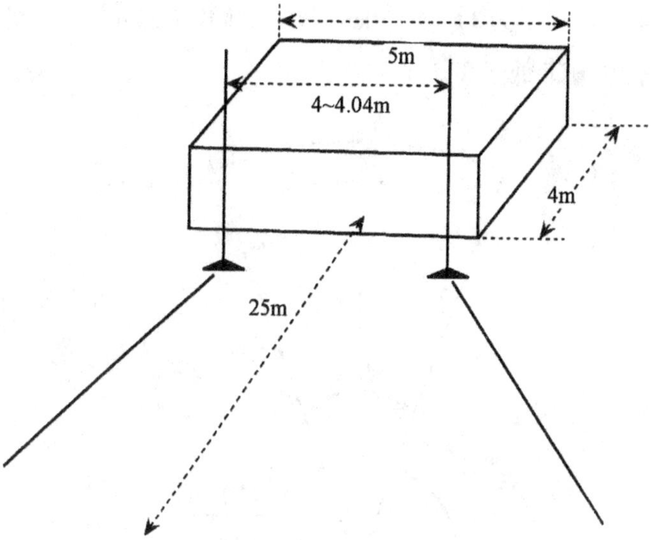

图 6-4-15　跳高场地

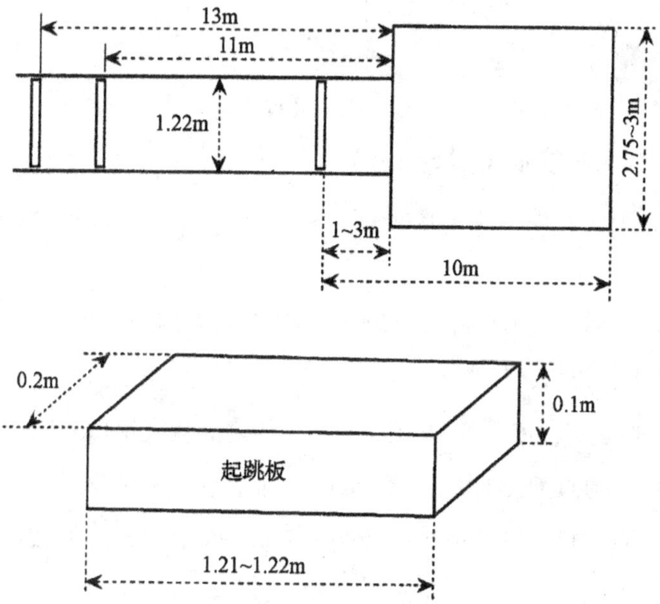

图 6-4-16　跳远、三级跳远场地

5cm；抵趾板宽度为 11.2 ~ 30cm，内沿弧长 1.22m，高出圈内地面 10cm；圈内地面低于圈外地面 2cm。

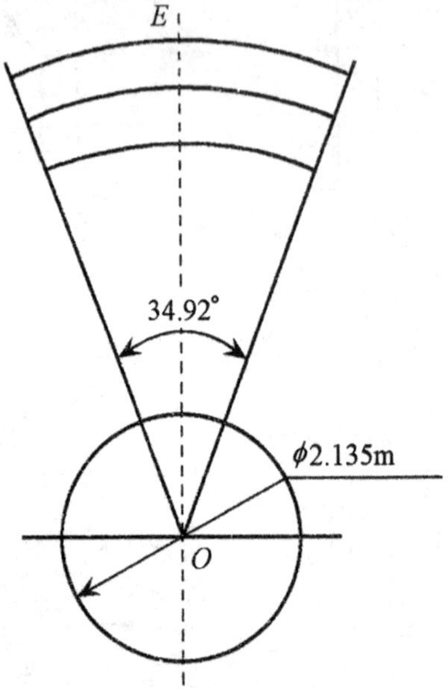

图 6–4–17　铅球场地

（二）画线痕（图 6–4–18）

（1）在空地上拉一直线 OE；以 0 为圆心、1.067m 为半径画一个圆。

（2）用一条 0.6m 的木尺与纵轴线垂直并等分，相交于 0F 之间的圆弧上，得 *C*、*D* 两点。

（3）连接 OC、OD 并延长，两条线之间就是铅球落地区。

（4）通过 O 点画一条直径与 OE 垂直，和圆相交的直线得 *A*、*B* 点，延长 OA、0B 到圆外，形成 0.75m 的短线，就是犯规线。

（三）画实线（5cm 宽）（图 6–4–19）

（1）投掷圈：沿线痕画在弧外侧。

（2）落地区：沿线痕画在区外侧。

（3）犯规线：沿线痕画在前侧。

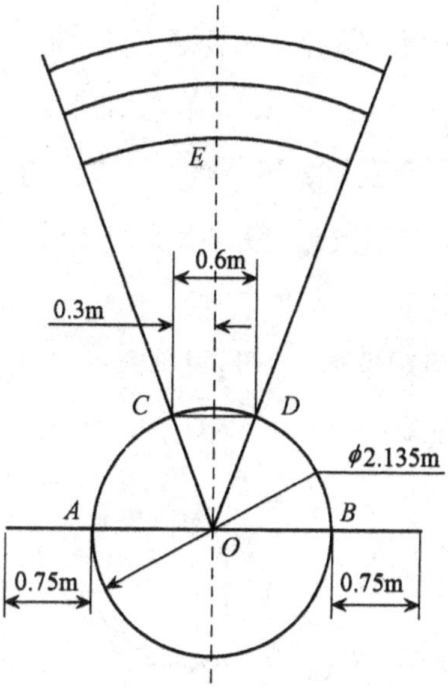

图 6-4-18　画线痕

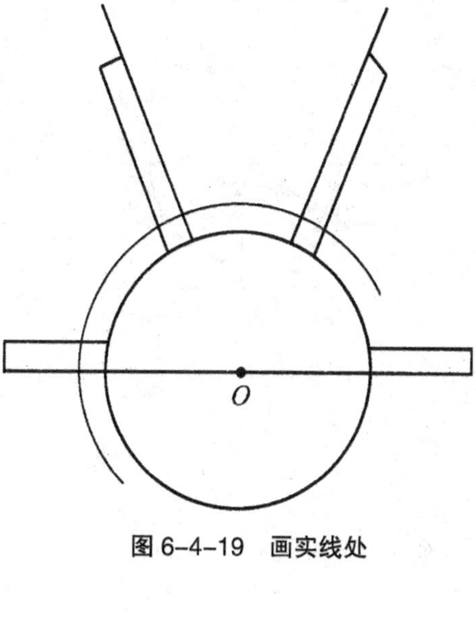

图 6-4-19　画实线处

五、铁饼场地（图 6-4-20）

铁饼场地的必备条件主要有以下三条。

（1）铁饼投掷圈一般建在田径场半圆内的空地上，铁饼落地区在田径场内。也可根据场地的实际情况选择。

（2）铁饼投掷圈直径 2.5m，落地区夹角为 34.92°；圈内地面低于圈外地面 2cm；铁饼护笼应找专业的器材厂商制作安装，以保证安全。

（3）画法同铅球场地，只是投掷圈的半径为 1.25m，*C*、*D* 点之间的距离为 80cm。

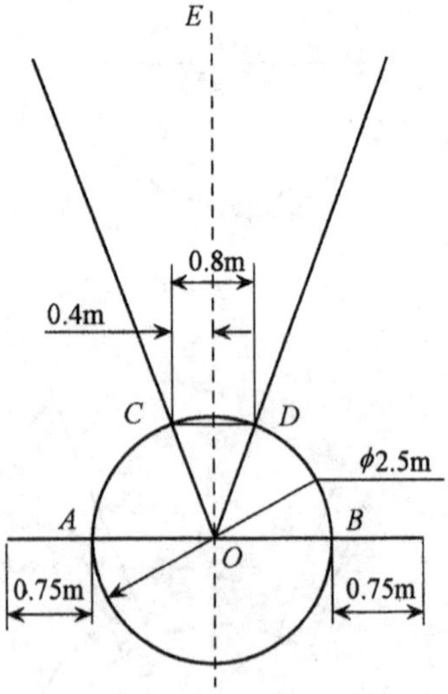

图 6-4-20　铁饼场地

六、标枪场地

（一）必备条件

（1）标枪场地一般建在田径场半圆内的空地上，助跑道和投掷区的纵轴线与田径场的纵轴线重合，也可根据场地的实际情况选择。

（2）助跑道长 30 ~ 36.5m，宽 4m、落地区角度为 29° 。

（二）画线痕（图 6–4–21）

（1）以田径场纵轴作中心线，在两侧画两条平行线，与中心线的距离是 2m，为助跑道线。

（2）在中心线上找一点 O，以 O 为圆心，以 8m 为半径画弧与助跑道线交叉成 *C*、*D* 点，连接 *OC*、*OD* 并延长就是落地区的边线。

（3）通过 *C*、*D* 各画一条 75cm 长的线与助跑道线垂直，连上弧线就是投掷线。

（三）画实线（图 6–4–22）

（1）沿投掷线线痕前侧画 7cm 宽的实线。

（2）沿其他线痕的外侧画 5cm 宽的实线。

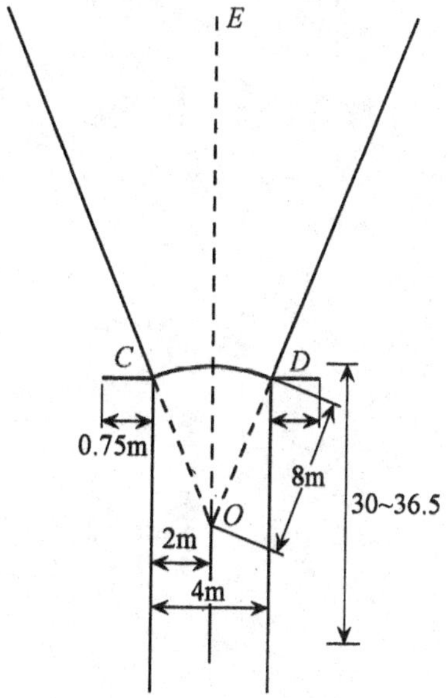

图 6–4–21　画线痕

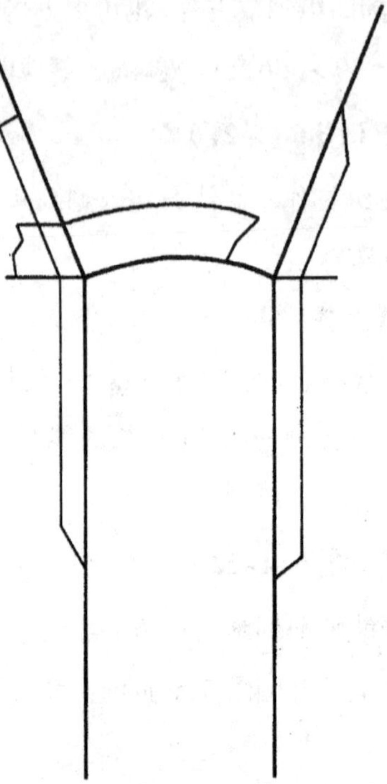

图 6-4-22　画实线处

参考文献

[1] 翟丰．我国优秀男子 3000m 障碍跑运动员训练模式的研究［J］．武汉体育学院学报，2006，40（2）．

[2] 张军霞．我国优秀男子跳高运动员助跑“最后一步”技术的运动学研究［J］．山西师大体育学院学报，2010，25（3）．

[3] 孟刚．身体素质教学理论与实践［M］．贵阳：贵州人民出版社，2003.

[4] 张英波．现代田径运动训练方法［M］．北京：北京体育大学出版社，2006.

[5] 王向宏．体能训练理论与方法［M］．北京：北京航空航天大学出版社，2009.

[6] 袁林，惠艳．对 3000m 障碍跑技术发展的探索［J］．吉林体育学院学报，2005，21（3）．

[7] 林庆国．制约我国田径竞技运动发展因素研究［D］．山东师范大学，2005.

[8] 王保成，王川．田径运动理论创新探索［M］．北京：北京体育大学出版社，2003.

[9] 杨津森．田径运动技术的共性探讨［J］．温州师范学院学报（自然科学版），2000.

［10］周兵．田径健身教程［M］．北京：高等教育出版社，2005.

［11］朱序伟．我国田径赛事市场开发影响因素及其对策的研究［D］．苏州大学，2008.

［12］张妮．跳远最佳腾起角与助跑速度利用率关系研究［J］．西安体育学院学报，2005，（1）．

［13］郑志磊，顾海军，赵仁辉．田径运动训练现状分析及对策研究［J］．南昌高专学报，2007.

［14］刘建国．田径运动［M］．北京：高等教育出版社，2005.

［15］赖勇泉，谢明辉．田径运动技术原理理论体系的思考［J］．广州体育学院学报，1999.

［16］钱铁群．跳远助跑最后两步步长变化对起跳诸因素的影响［J］．中国体育科技，2002，38（5）．

［17］王海英．我国田径赛事市场运作现状及对策研究［D］．武汉体育学院，2009.

［18］文超．田径运动高级教程［M］．北京：人民体育出版社，2003.

［19］张彬．我国田径运动的竞技实力分析与可持续发展研究［D］．曲阜师范大学，2012.

［20］李宏印．体育教育教学理论与实践［M］．西安：西安地图出版社，2006.

［21］李老民．田径运动教程［M］．北京：北京体育大学出版社，2008.

［22］张英波．现代田径训练方法［M］．北京：北京体育大学出版社，2006.

［23］张勇．体育场地与设施［M］．西安：西安地图出版社，2001.

［24］李鸿江．学校体能训练［M］．北京：北京体育大学出版社，2003.

［25］兰保森．影响我国跨栏跑项目运动成绩的因素分析［J］．中国体育科技，2004（1）．

［26］罗建新．田径运动技术教学理论与实践［M］．贵阳：贵州人民出版社，2005.

［27］孙庆杰．田径［M］．北京：高等教育出版社，2002.

［28］孙庆杰．田径第二版［M］．北京：高等教育出版社，2005.

［29］刘建国．田径运动［M］．北京：高等教育出版社，2002.

［30］马勇占，方爱莲．对我国优秀跳远运动员起跳技术的运动学比较研究［J］．中国体育科技，2001，37（2）．

［31］刘景龙．现代田径裁判工作指南［M］．西安：西安地图出版社，2000.

［32］全国体育院校教材委员会审定．田径运动教程［M］．北京：人民体育出版社，1999.

［33］王德平，任保莲．跳远起跳阶段摆动腿摆动的运动学特

征及对起跳效果的影响[J].中国体育科技，2000（5）.

[34]李建英，关建军.九运会男子跳远运动员起跳阶段相关参数的分析与讨论[J].中国体育科技，2004，40（2）.